SERVIÇO SOCIAL DO COMÉRCIO
Administração Regional no Estado de São Paulo

Presidente do Conselho Regional
Abram Szajman

Diretor Regional
Danilo Santos de Miranda

Conselho Editorial
Ivan Giannini
Joel Naimayer Padula
Luiz Deoclécio Massaro Galina
Sérgio José Battistelli

Edições Sesc São Paulo
Gerente Marcos Lepiscopo
Gerente adjunta Isabel M. M. Alexandre
Coordenação editorial Clívia Ramiro, Cristianne Lameirinha, Francis Manzoni
Produção editorial Maria Elaine Andreoti, Antonio Carlos Vilela
Coordenação gráfica Katia Verissimo
Produção gráfica Fabio Pinotti
Coordenação de comunicação Bruna Zarnoviec Daniel

Fases da vida
da gestação
à puberdade
Ivaldo Bertazzo

edições **Sesc**

© Ivaldo Bertazzo, 2018.
© Edições Sesc São Paulo, 2018.
Todos os direitos reservados.

Preparação Luciana Moreira, Silvana Vieira
Revisão Andréia Manfrin Alves, Elba Elisa de Souza Oliveira
Capa, projeto gráfico e diagramação Gustavo Piqueira | Casa Rex
Ilustrações Juliana Storto

DADOS INTERNACIONAIS DE CATALOGAÇÃO NA PUBLICAÇÃO (CIP)

B4612f   Bertazzo, Ivaldo

Fases da vida: da gestação à puberdade / Ivaldo Bertazzo. – São Paulo: Edições Sesc São Paulo, 2018. –
224 p. il.

Bibliografia
ISBN 978-85-9493-112-2

1. Educação física. 2. Saúde. 3. Funções motoras 4. Desenvolvimento psicomotor. 5. Cognição e movimento. 6. Psicomotricidade. I. Título.

CDD 612.7

Edições Sesc São Paulo
Rua Cantagalo, 74 – 13º/14º andar
03319-000 – São Paulo SP Brasil
Tel. 55 11 2227-6500
edicoes@edicoes.sescsp.org.br
sescsp.org.br/edicoes
 /edicoessescsp

Escola do Movimento
Rua Cotoxó, 1 – Pompeia
05021-000 São Paulo SP Brasil
Tel. 55 11 3294-1755
escola@ivaldobertazzo.com.br
metodobertazzo.com

Meus mais ternos
agradecimentos
às parceiras e colaboradoras:

Juliana Storto,
fisioterapeuta e anatomista;

& Liza Ostermayer,
fisioterapeuta e educadora física.

SUMÁRIO

apresentação 9

introdução 13

PARTE I você precisa saber 21

matrizes, pedras de base 25

cada um cada um,
cada qual cada qual 29

sistema nervoso 33

elementos psicomotores 40

geometria do corpo 50

PARTE II encontro com a psicomotricidade 103

vida intrauterina 108

os primeiros anos do bebê 111

brincadeira é coisa séria 127

desenvolvimento da escrita 132

tempo de escola 137

despedida da infância 141

PARTE III movimento organizado: chave para o desenvolvimento 153

reavivando o sistema psicomotor 155

reavivando a memória motora 159

sobre o autor 223

apresentação

Danilo Santos de Miranda *Diretor Regional do Sesc São Paulo*

Cada um dos livros de Ivaldo Bertazzo já publicados pelas Edições Sesc permite uma leitura independente dos demais e a compreensão dos fundamentos básicos do método Bertazzo, explicando de modo acessível a anatomia e as potencialidades do corpo, e trazendo reflexões e exercícios sobre funções, sentidos, tonicidade, sustentação e respiração. Mas cada um desses livros também se concentra de modo especial em temáticas como a reeducação do movimento, a ativação dos sentidos e o envelhecimento saudável.

Este quarto livro volta-se a uma faixa etária ainda não contemplada de forma extensiva pelo autor, mas cuja formação influenciará profundamente o indivíduo durante toda a sua vida. Trata-se do desenvolvimento da psicomotricidade desde a fase intrauterina até a pré-adolescência. Por meio dele, é possível entender o conceito de psicomotricidade, uma integração das funções motoras e psíquicas resultante da maturidade do sistema nervoso; os elementos que a constituem; descobrir estímulos para o seu desenvolvimento; e compreender sua importância nos contextos do desenvolvimento individual, dos processos de aprendizagem e da interação social. As principais etapas da constituição da psicomotricidade (vida intrauterina, primeiros anos do bebê, idade pré-escolar, fase de aquisição da escrita, idade escolar e pré-adolescência) são detalhadas, bem como são apresentados estímulos e exercícios específicos para cada uma delas. Outra novidade nesta obra é a introdução de pequenos vídeos ilustrativos com acesso por meio de QRs codes: são 62 audiovisuais que contribuem para uma compreensão dinâmica da psicomotricidade e para ampliar a exploração de suas potencialidades de desenvolvimento.

A parceria entre o Sesc São Paulo e Ivaldo Bertazzo tem se ramificado em diversas frentes de programação e de ação social. Foram espetáculos de dança, projetos comunitários, cursos, CDs, DVDs e agora este quarto livro, que, como as três publicações anteriores, segue no propósito de trazer o Método Bertazzo para fora das salas de aulas, tornando-o acessível a um número maior de pessoas, com explicações, ilustrações e vídeos que atendem tanto a especialistas quanto a leigos e interessados. São iniciativas que corroboram o acesso democrático à arte e aos cuidados preventivos com a saúde por meio da atividade física como parte essencial da atuação do Sesc.

introdução

Ah, o ser humano!

Dizem que sua origem remonta a uma gota de proteína arremessada há milênios aqui na Terra, vinda do universo. A partir do mergulho dessa gota no oceano, como numa sopa primitiva, múltiplas formas se desenharam e nos desenharam. Essa elaboração amadureceu através do desenvolvimento de uma intrincada cadeia de espécies.

O ser humano é resultado, portanto, de uma rede extremamente bem tecida. Ao nascer, já traz dentro de si um imenso potencial para a organização, que será acessado por chaves transmitidas de pai para filho, além do instinto de sobrevivência arraigado, dom conquistado pela experiência e luta dos nossos ancestrais, transmitido ao longo das existências. As experiências bem-sucedidas no processo de sua evolução são como chaves armazenadas na memória.

Os potenciais de organização motora no recém-nascido serão estimulados por meio de palavras, vibrações corporais, rotações e balanços sobre o tronco e membros, fricções e pressões nos pés, nas mãos e na face; tração e torções impressas sobre a pele, sobre os ossos, tendões, articulações e inserções musculares. Todos os segmentos do corpo deverão ser agrupados de tal forma que transmitam sensações de unidade. O corpo, constituindo-se como um volume, transmite ao cérebro imagens da tridimensionalidade dos gestos realizados.

O corpo da mãe, ao envolver o bebê, transmite-lhe a percepção dos volumes e das esfericidades do espaço interno do seu corpo. Ao mobilizá-lo realizando contínuas fricções em sua pele, desperta os sentidos do bebê para a dimensão do espaço externo. Na dialética estabelecida entre a geometria corporal e a função dos órgãos contidos no seu organismo, nasce no indivíduo a possibilidade de construir as características humanas. O confronto entre o que vem do exterior e o que brota no interior do seu corpo provoca o embate necessário entre o prazer e o desprazer, gerando a representação de si próprio e a possibilidade de contextualizar o mundo que o cerca.

No final do primeiro ano de vida, o bebê se mantém em pé, conquistando a marcha, dando curso ao amadurecimento do seu sistema nervoso central, estabelecendo condições para seu relacionamento com o meio ambiente e seu desenvolvimento psicomotor. Seus deslocamentos, agora com a coluna verticalizada, propiciam o alcance do olhar na linha do horizonte, permitindo pouco a pouco um plano de navegação do seu corpo sobre a superfície terrestre. Através de ajustes, associações, combinações, analogias, oposições entre polos e hemisférios, pouco a pouco desenha-se o imaginário corporal na criança.

Esse processo de integração que ocorre entre as funções motoras e psíquicas do nosso corpo à medida que o sistema nervoso central amadurece, é o que denomino *psicomotricidade*. Ela se consolida fisiologicamente no final da puberdade, etapa em que o cérebro atinge a maioridade, é o alicerce para a construção do nosso universo cognitivo, intelectual e emocional.

Mas, e depois da adolescência, o que acontece? Como podemos manter a saúde de nossas estruturas durante o percurso da vida? Em termos de novas redes neurais e programações no cérebro, o ideal é que o indivíduo viva situações que despertem a maior rede possível de conexões cerebrais sensório-motoras até o final da puberdade, mantendo constantemente em ação seus sentidos e percepções. Futuramente, em idade adulta, a riqueza das experiências e práticas psicomotoras vivenciadas até o final da adolescência constituirão os requisitos fundamentais para manter essas conexões acesas em idade adulta.

Para mobilizar novos estados de consciência e instalar novos costumes na vida prática do indivíduo, muitas adaptações deverão se processar em seu organismo, afinando os novos dados. Propiciar funcionamentos mais precisos no sistema e, consequentemente, nos comportamentos humanos, proporciona um modo de comunicação mais vigorosa e precisa, alargando os potenciais dos sentidos. E nisso os estímulos e as práticas psicomotoras têm um importante papel a desempenhar.

Os conhecimentos acerca da psicomotricidade por muito tempo ficaram reservados aos profissionais especializados no tratamento motor de recém-nascidos, crianças, jovens e adultos com distúrbios de ordem central. Esses especialistas, pautando-se em conhecimentos sólidos, resultantes de importantes conquistas científicas, têm ajudado tais pacientes a dar curso às funções básicas para a manutenção de suas vidas, possibilitando-lhes conquistar o máximo de autonomia possível ao seu organismo para se locomover, comer e se comunicar.

Entretanto, como professor de movimento, trabalhando com pessoas sem comprometimentos motores graves, ganhei muito na eficiência do ensino do exercício, do gesto dançante, do bom condicionamento físico dos meus alunos ao embasar meus procedimentos nos fundamentos que regem o desenvolvimento psicomotor, de acordo com as distintas "fases da vida". São princípios que acompanham fortemente minhas reflexões e ações em sala de aula.

Afinal, se todos esses estímulos de facilitação neuromotora beneficiam um indivíduo com desvios patológicos graves de ordem central, se tais estratégias são úteis a indivíduos que apresentam uma frágil conexão entre cérebro e corpo, por que não seriam igualmente enriquecedores aos que não apresentam aparentemente nenhum desvio na programação dos seus gestos?

No meu entendimento, a aplicação dos conhecimentos de psicomotricidade como ferramenta para o nosso desenvolvimento não deve ficar restrita ao

campo de atuação de pediatras, fisioterapeutas, terapeutas ocupacionais, fonoaudiólogos, psicomotricistas. Todos nós – professores de esporte, fitness, ioga, dança, canto, teatro, ensino formal, arte-educadores etc., e também mães, pais, irmãos mais velhos, cuidadores, enfermeiros – faríamos bem em conhecer as fases do desenvolvimento psicomotor humano e assim poder colaborar para que aqueles sob nossos cuidados ou instrução compreendam seu corpo como uma ferramenta de comunicação, de desenvolvimento de identidade e autoestima.

Assim nasceu este livro: do sonho de promover a difusão dos conceitos sobre a psicomotricidade humana não só aos nossos sistemas de saúde e educação, mas também aos espaços de desenvolvimento pessoal de crianças, jovens e adultos, a fim de que possam desfrutar de um amadurecimento digno e pleno de afetividade, compreendendo o sentido contido na psicomotricidade.

PARTE I

você
precisa
saber

Imagine que nos foi proposta a tarefa de construir um ser humano tal qual somos. Quais seriam os ingredientes necessários?

Agregue algumas células de base – poucas serão suficientes para a construção do edifício humano – e preste atenção às sutilezas desses agrupamentos.

ingredientes:

- uma pequena caixa de células do tecido ósseo, denominadas osteócitos. São as células responsáveis por fazer os ossos se desenvolverem e se manterem fortes durante a vida, mantendo a densidade óssea e evitando um quadro de osteoporose.
- uma porção generosa de células musculares, chamadas de fibras musculares. Elas são responsáveis pela força que o corpo necessita para se manter em pé e se movimentar. Quando exercitadas, aumentam de volume, formando o desenho em que se inscreve a anatomia humana.
- um saco de células do tecido cartilaginoso, chamadas condrócitos, presentes em todas as articulações, permitindo que os movimentos

aconteçam sem atrito e sem impacto. Quando ocorre a artrose, a produção dessas células diminui ou cessa.

- um punhado de células do tecido conjuntivo, os fibroblastos. São elas que unem e organizam os músculos e ossos entre si, conferindo ao corpo uma unidade. Imagine as peças de um Lego soltas no chão; assim ficariam as peças ósseas do seu corpo sem essas células.
- um *kit* de células do sistema nervoso, que inclui os famosos neurônios, que transmitem os influxos nervosos por duas vias, criando uma rede de informações entre o meio externo, o corpo e o cérebro; e os desconhecidos astrócitos, que permeiam os neurônios dando sustentação ao sistema, favorecendo a troca de informações entre eles.
- uma provisão dos também famosos neurotransmissores, moléculas responsáveis pelo envio das informações entre as células nervosas.

Todos esses ingredientes são necessários para a composição dos ossos, dos músculos e do sistema nervoso. Com eles é possível construir um ser humano sólido, capaz de usufruir de todas as faculdades que o Criador lhe deu. Mas deixamos uma lacuna: e os componentes que formam a alma humana? Para estes ainda não há registros concretos, apesar de sentirmos sua presença em muitos momentos e, se desatentos de sua presença, perdemos o sentido real da existência.

Voltemos nossa atenção ao esqueleto humano. Ele nos revela a essência da forma humana, um verdadeiro arcabouço que permite aos músculos a ação de nos manter suspensos no espaço. No arcabouço ósseo está a seiva da vida. Os glóbulos vermelhos são produzidos na medula óssea dos ossos longos, como a tíbia, o fêmur e os ossos dos braços; já os glóbulos brancos são produzidos na medula dos ossos mais chatos, como os da bacia, as omoplatas e o esterno.

Prosseguindo a tarefa de construir um ser humano harmônico, percebemos que para movimentá-lo será necessário unir cada peça óssea com articulações. Estas são engrenagens muito precisas, algumas desenhadas com a finalidade de articularmos nossos gestos nas três dimensões do espaço.

As articulações são revestidas por um material luminoso, consistente e flexível, embebido em um líquido viscoso que preserva o tecido cartilaginoso. As cartilagens possuem uma trama muito audaciosa, pois devem agir como amortecedores, protegendo o corpo dos choques constantes que a gravidade nos impõe – afinal, esta não dá "moleza", está constantemente nos atraindo ao centro da terra, submetendo-nos ao risco de nos achatarmos contra o solo. Nossas articulações são, por assim dizer, os "elos entre as profundezas e as alturas"!

Para que esse conjunto ósseo se manifeste em sua soberania física, será necessário recobri-lo de músculos, da carne que moldará o desenho externo. Longos ou curtos, grossos e volumosos ou chatos e finos, os músculos são responsáveis pelos nossos movimentos. Quando contraem, mobilizam um osso em relação a outro em torno de uma articulação. Uma odisseia infinita se programa!

Alguns músculos cumprirão a função de nos dinamizar por meio de deslocamentos, procuras, alcances, freadas, enfim, uma sucessão de gestos que atendem nossas inquietações, perscrutando o espaço; outros, mais silenciosos, estáticos, nos ajudarão a conquistar a imobilidade, propondo unidade ao corpo. Cabe aqui distingui-los, pois em suas particularidades residem os pequenos mistérios do seu modo de funcionamento.

Os músculos que cumprem a função de nos manter estáticos – em pé esperando o metrô, por exemplo, ou sentados, escrevendo – se contraem sem necessariamente deslocar o esqueleto, permitindo que um osso aja como ponto de apoio para que outro se estabilize, definindo uma postura, nos edificando. Esses músculos permanecem contraídos durante todo o período em que estamos despertos.

Em contrapartida, os outros grupos musculares responsáveis por nossos deslocamentos, essencialmente dinâmicos, nos permitem dobrar os braços, as pernas, os dedos, agir pendularmente com os membros para nos deslocarmos e saltarmos em direção ao infinito.

Um corpo harmonioso estabelece uma relação democrática entre o conjunto de seus músculos, permitindo a cada grupo muscular agir através da lei de controles recíprocos, num relacionamento, digamos, de fraternidade, termo sabiamente exposto por Herman Kabat e Margareth Knott na obra *Facilitação neuromuscular proprioceptiva*. Um músculo deve respeitar o outro, seja em relação ao espaço que ocupam, seja nas suas manifestações funcionais e expressivas. Aos músculos está reservada a necessidade do diálogo, abrindo a possibilidade para que a alma se manifeste em sentimento e linguagem[1].

Em outras palavras, as fibras musculares possuem diferentes constituições, com distintos propósitos e funções. Cada uma delas precisa ganhar força para existir, sem impedir que outras fibras de outros grupos musculares se manifestem. É aí que a democracia se estabelece.

[1] Lidiane de Araújo Silva, Vanessa Tamashiro, Rodrigo Deamo Assis, "Terapia por contensão induzida: revisão de ensaios clínicos", em: *Fisioter. mov.*, Curitiba: PUCPF, 2010, vol. 23, n. 1, pp. 153-159. Disponível em <www.scielo.br/pdf/fm/v23n1/15.pdf>, acesso em 05 abr. 2018.

Instituir uma ordem postural ao esqueleto permite que o músculo encontre seu estado de equilíbrio entre comprimento e enrijecimento, entre elasticidade e força, entre a calma e a turbulência motora. Nossas somatizações correspondem também à dificuldade de integrar o corpo como instrumento para nos relacionar com o mundo em que vivemos. Um músculo em constante estado de tensão se tetaniza, perde seu equilíbrio entre densidade e elasticidade, e assim a sensibilidade empobrece e a rigidez se instala.

Em uma visão mais filosófica, o *ser* reside nos ossos, e o *agir*, nos músculos. Certamente, é na harmonia entre o *coagular e dissolver*, expressão utilizada pelos alquimistas na Idade Média e na Renascença, que adquirimos o equilíbrio necessário ao corpo, reconhecendo pouco a pouco o sublime: um corpo feito de carne e osso, com o maior recrutamento possível de neurônios motores, construindo incessantes elos na direção do infinito.

O edifício humano deve possuir um esqueleto sólido, suspenso por tirantes musculares poderosos, e um sistema nervoso central, como o grande ordenador dos nossos gestos. O sistema nervoso deve receber constantemente informações das ações musculares e articulares, e também da pele, definindo *como e em que ordem me situo no mundo que habito*.

Assim, para me tornar condutor da minha própria sensibilidade, as percepções sensoriais deverão ser acessadas e processadas dentro de mim, tendo o gesto como o diapasão regulador.

Nesta primeira parte, vamos explorar, em linhas gerais, como se configura o corpo humano, identificar os esquemas geométricos que dão suporte a nossas ações motoras e, extrapolando a dimensão física, conhecer um pouco dos potenciais que caracterizam os diferentes tipos de personalidade. É a partir dessa triangulação entre corpo, gesto e psique que se dá o nosso desenvolvimento psicomotor, tema do qual trataremos mais especificamente nas outras duas partes deste volume.

matrizes, pedras de base

A espécie humana é representada por uma infinidade de etnias. Cada uma delas carrega consigo suas heranças genéticas, manifestadas através de múltiplos traços familiares e caracterizadas por uma variedade de hábitos e costumes. Contudo, apesar das particularidades de cada etnia, a conformação do corpo humano possui sua uniformidade; seu desenho é claro, nítido, vivo e presente ao nosso olhar. Mesmo modelado por múltiplos fatores e contingentes, caracteres e expressões, o desenho do corpo humano tem suas marcas específicas, assim como o dos peixes, dos mamíferos de quatro patas e das aves voadoras.

Apesar do variado leque de biótipos, de tipologias existentes, o corpo humano apresenta matrizes de base única, formas geométricas similares, presentes em todas as etnias existentes no globo – formas claramente definidas e estruturadas. Olhar e comparar essas formas é fundamental para entendermos como se constitui a espécie humana, encontrando os mesmos pontos de referência em todos os corpos existentes no globo.

A uniformidade presente no arcabouço do corpo humano definiu-se pouco a pouco, concomitantemente à construção de padrões gestuais

O CORPO NAS FASES DA VIDA

POSTURA E MOVIMENTO

que se organizaram através das suas ações funcionais. Ou seja, a espécie humana recruta os mesmos músculos para gestos específicos: caminhar, comer, desenhar, torcer a roupa. Assim, todos os componentes estruturais e funcionais contidos no corpo humano são resultado de uma longa programação, executada ao longo de milênios de evolução. O homem possui uma mecânica própria para a organização dos seus movimentos. Pelo fato de nossa espécie ser constituída sobre as mesmas bases, seu modo de organização motora é similar.

Forma e função agem em sinergia, ou seja, o desenho corporal humano e sua gestualidade, impulsionados em sua origem por um engenhoso Arquiteto, hoje são resultantes de uma série de experimentações e adaptações que, entre os acertos e erros da experiência humana, ora contra, ora a favor da sua sobrevivência, definiram um modelo. Para que visualizemos suas marcas originais, seria útil, por alguns momentos, desvestir com nosso olhar o indivíduo do seu modo particular de agir, de sua etnia e seus costumes, dando uma trégua ao olhar sobre seus desvios patológicos; é fundamental observá-lo por dentro e perceber como se conforma seu arcabouço, como se estabelecem as figuras geométricas que compõem o corpo humano, observando como ele planeja o movimento; enfim, analisar seu modo de "se mexer". Devemos aprender a olhar, perscrutando se sua forma mantém as matrizes de base.

É certo que algumas culturas desenvolveram certas habilidades motoras, enquanto outras privilegiaram outros modos de funcionamento. São várias as circunstâncias que induzem uma cultura a desenhar seu modelo de funcionamento, definindo um modo de expressão próprio; comportamentos adquiridos através de múltiplas repetições, na sua luta pela permanência numa região, sob a influência das características geográficas que lhe são próprias (como clima, relevo etc.) e modo de nutrição, estão entre os fatores que determinam suas marcas, fixando um modo específico de movimentação e de organização postural.

Ao longo de sua evolução, a espécie humana conseguiu ultrapassar alguns dos seus limites inerentes, revelando uma capacidade gestual das mais variadas presentes na Terra. Embora a constituição mecânica seja a mesma para todos os humanos, cada indivíduo movimenta-se de modo muito particular, movido por seus anseios e por suas representações simbólicas.

Até aqui, muitos fatores contribuíram para a luta pela sobrevivência da nossa espécie:

- herança genética;
- geografia;
- seio familiar;
- potencial e desenvolvimento psíquico;
- oportunidades;
- afetividade;
- nutrição;
- universo simbólico e sublime.

Esses são alguns dos componentes que contribuem para a manifestação de distintos comportamentos humanos e, portanto, para a construção de marcas pessoais, individualizadas.

Essa conquista milenar de gestos, que vão desde os que respondem aos instintos mais primitivos de sobrevivência até os mais sublimes, para alimento da alma, representou um enorme ganho evolutivo. No desejo de se aproximar da sua alma, o ser humano conquista a capacidade de individualizar e personalizar seus gestos, construindo expressões próprias, tornando-se único. Cada indivíduo compõe, assim, um universo à parte, carregado de expressão, de um desenho e de uma história particular.

O risco se dá quando, pouco a pouco, apagam-se da sua memória suas matrizes de base, elaboradas através de inúmeras adaptações ao longo da existência humana, processo elaborado no âmago da luta pela sobrevivência da sua espécie, e, sem que perceba, ele constrói uma fronteira entre os modelos que regem seu organismo, sua estrutura e seus anseios em definir sua identidade. Como no velho conto, o filho se distancia imensamente da sua origem, não conseguindo mais encontrar o caminho de volta para casa, e se perde na floresta. Administrar a conquista de uma marca pessoal sem, contudo, apagar as marcas da sua origem – é nesse conflito que reside uma das grandes batalhas e sofrimentos do indivíduo. A condição de marcar sua existência o provoca a elaborar uma marca própria e, nesse ímpeto, ele se distancia das matrizes que o compõem.

Não estaria no equilíbrio desse embate o ponto de partida para a conquista de um estado razoável de liberdade, cuidando para não se distanciar em demasia dos padrões conquistados, das suas heranças? A questão crucial é saber dosar: individualizar-se, construindo uma marca pessoal, sim, contudo, sem distorcer a ordem das matrizes de base.

Os anseios humanos mais sublimes alimentam-se de imagens simbólicas que, pouco a pouco, ao longo da vida, devem adquirir significado

GESTOS ORIGINAIS

e forma, conquistando um senso de disciplina e hierarquia regido pelos sentidos, agregado ao conhecimento, construindo rédeas fundamentais, manuseando-as, conduzindo e administrando para sempre, enquanto aqui permanecerem.

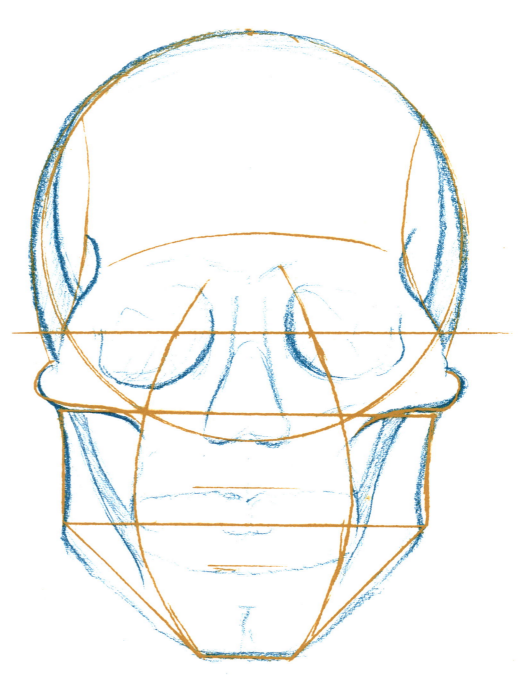

cada um
cada um,
cada qual
cada qual

Nascemos com um imenso espaço vazio, que deve ser preenchido para se transformar em algo sensivelmente concreto. Porém, como preencher o vazio que sinto se não o identifico? Na consciência desse vazio reside a ânsia do conhecimento e a necessidade de caminhar em direção ao desenvolvimento existente no organismo humano.

Cada um de nós nasce com potenciais racionais, intuitivos e sensoriais. Imagine que cada um desses potenciais representa um copo vazio, conforme Denys-Struif[2]: um copo para o potencial racional, um para o intuitivo e outro para o sensorial. Sim, ao nascer, os copos estão vazios. São os estímulos externos, as lutas e conquistas de sobrevivência na vida, os aprendizados e as vivências afetivas que trarão conteúdos e significado a esses vazios. Os conceitos da morfopsicologia entraram em pauta em 1931, fundamentados pelo psiquiatra francês Louis Corman[3].

Somos indivíduos únicos, diferentes entre si, cada um com potenciais e necessidades distintas, copos de diferentes grandezas a serem preenchidos. O copo racional, o intuitivo e o sensorial podem se apresentar com tamanhos diferentes um do outro, ou seja, demandas interiores de distintas grandezas. Algumas pessoas têm demandas mais racionais

RACIONAL, INTUITIVO E SENSORIAL

[2] Godelieve Denys-Struif, *Cadeias musculares e articulares*, São Paulo: Summus, 1995.

[3] Louis Corman, *Connaissance des enfants par la Morphopsychologie*, Paris: PUF, 1975.

29

ou mais intuitivas ou mais sensoriais/emotivas, mas todas contêm em si esses três elementos que precisam ser alimentados e estimulados para conquistar um crescimento pleno:

- O **potencial racional** desenvolve a capacidade de planejar, analisar, projetar e executar, seguir em direção à busca do conhecimento.
- O **potencial intuitivo** está ligado à percepção de um mundo amplo, sublime, de conexão com o absoluto, impulsionando além do visível.
- O **potencial sensorial** está na direção dos instintos de sobrevivência. Acolher, conter, armazenar, colecionar, envolver, cuidar e preservar o espaço em que vive.

O corpo é entendido aqui como um processo subjetivo que vai formando a si mesmo; um processo vivo e evolutivo, que está em contínua transformação e organização de si mesmo. O ser humano envolve multidimensões em processos complexos. Ao longo da vida, muda de forma e necessidades, está continuamente se transformando, do nascimento até a morte.

A criança que, desde os primeiros anos da infância, é estimulada a desenvolver e viver todos esses potenciais, nutrindo seus vazios, terá mais facilidade em encontrar um caminho próprio. A ausência de estímulos ao potencial racional, intuitivo e sensorial, por outro lado, pode destituí-la das ferramentas para lidar com a vida. Uma criança mais intuitiva pode ficar insegura diante de um erro numa brincadeira e se recusar a brincar. A mais racional pode ficar ansiosa e impaciente diante da espera, pois seu potencial de ir em direção ao conhecimento e raciocinar é imenso. Já a criança mais sensorial pode ficar muito aflita em dormir sozinha no seu quarto, pois necessita maior acolhimento, receia perder coisas e luta por elos afetivos.

Os estímulos psicomotores, os jogos e as brincadeiras contribuem muito para estimular e equilibrar esses diferentes potenciais, na medida em que proporcionam situações nas quais a criança é desafiada a confrontar seus limites e refinar seu modo de perceber o mundo, as coisas. Brinquedos de montar, por exemplo, ajudam a alimentar demandas racionais: criar torres, pontes, edifícios, exercitar o encaixe e o apoio ajudam a desenvolver a capacidade de planejamento, cálculo e realização.

O potencial intuitivo virá também de estímulos sonoros e visuais. Diferenciar o som do metal, do vidro, da madeira, apreciar o som da água que cai, misturar cores e pintar, e até respirar! Essas percepções

A criança observa como a família se organiza e imita o que vê, por isso é muito importante que os pais saibam que seu filho está aprendendo ao vê-los se deslocarem pela casa, ao falarem, ao executarem as tarefas domésticas, nos gestos de afetividade. Uma criança cujo pai é agricultor apresenta um comportamento corporal diferente de uma criança cujo pai trabalha com *marketing* na cidade. Ou seja, adquirimos modos de funcionamento de acordo com os valores que vivenciamos, e cada uma dessas crianças copiará e conquistará um lado da moeda. Complementar é a chave do equilíbrio.

A personalidade é também um fator dominante para o desenvolvimento. Cada indivíduo tem um modo de enfrentar, de perceber, de se manifestar no mundo: uns são mais introvertidos, outros, mais extrovertidos; uns analisam a partícula, o segmento, outros têm uma visão do conjunto das coisas. Todos esses fatores formam um corpo. São elementos que, bem processados, facilitam o caminho do encontro: "Quem sou eu?" Eu sou um pouco isso que eu recebi, sou um pouco do jeito como eu vivo, e existe também em mim alguma coisa essencial, que é o que me impulsiona ao sentido de viver!

contribuem para uma sensibilidade mais refinada e despertam a capacidade de abstração e raciocínio simbólico.

O potencial sensorial está ligado à percepção dos sentidos para a manutenção da vida, da sobrevivência. Envolver-se em tecidos, se enrolar, brincar com as formas do corpo, modelar com barro, tudo isso abre o campo sensorial. Preparar um alimento junto com a criança, incentivando-a a separar os ingredientes, ou propor-lhe arrumar os brinquedos em uma caixa são ações que alimentam sua sensibilidade ao sentido de preservação.

Portanto, como pais e responsáveis por alguém que está em formação, precisamos estar atentos aos potenciais característicos da criança, ao seu modo de captar o mundo em que vive. Se ela for do tipo mais racional, suas demandas precisam ser alimentadas e estimuladas nessa direção. Do contrário, no seu âmago nasce a ansiedade, a angústia, uma ausência; o copo continua vazio, ou seja, seus potenciais não entram em ação. O mesmo ocorre com relação às demandas intuitivas e sensoriais.

Alguém poderá perguntar, no entanto: isso não seria uma proposta muito refinada para a rude realidade em que vivemos? Se eu não fui cuidado e educado com essa atenção, como poderei atender um indivíduo em desenvolvimento?

Cabe aqui uma tomada de consciência global. Agrupar-se, ter filhos, viver em família e em sociedade construindo civilização e cultura faz parte do desenvolvimento da nossa espécie; se não atentarmos para isso, nos extinguiremos.

Do ponto de vista coletivo, a construção de movimentos sociais que apoiem sistemas familiares e educacionais pode colaborar muito no desenvolvimento da nossa sociedade. Por outro lado, como indivíduos, sem dúvida podemos "correr atrás" das etapas que foram fragilmente alimentadas em nosso passado, ou seja, nutrir as ausências sensoriais existentes em nosso organismo, os hiatos motores não preenchidos, as demandas não atendidas que hoje residem em nossos sentimentos, atravancando nossos passos. Reciclar sempre e reconquistar algumas etapas do desenvolvimento psicomotor certamente nos restitui à juventude, colaborando para impedir o envelhecimento do sistema nervoso central.

sistema
nervoso

O sistema nervoso é composto pelo sistema nervoso central e pelo sistema nervoso periférico.

O sistema central compreende o cérebro[4] e seu prolongamento, a medula espinhal, em uma organização hierárquica. Ele é a central de controle de todo o corpo, pois recebe, registra e interpreta, por intermédio de seus neurônios, toda informação captada e enviada a ele pelo sistema periférico. Com base nessas informações, o sistema nervoso central dá ordens aos músculos, órgãos e glândulas.

A medula

A medula espinhal é o primeiro nível de processamento dos estímulos; agindo como boa diretora de uma empresa, ela tem capacidade e autonomia para responder rapidamente a demandas que não necessitam de ou não podem esperar uma decisão de seus superiores. Dessa forma, a medula gera uma parcela de comportamentos: os reflexos. Quando o corpo se ressente, quando é atingido por estímulos sensoriais externos, ele reage de modo automático. Lembre-se do famoso exemplo do arco

[4] O sistema nervoso central é formado por medula e encéfalo, chamado popularmente de cérebro (N.E.).

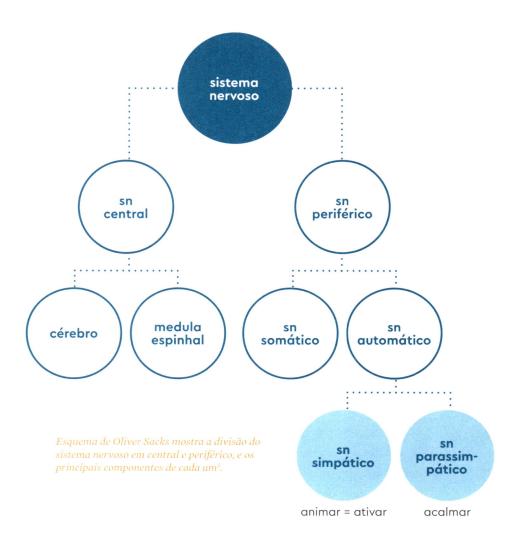

Esquema de Oliver Sacks mostra a divisão do sistema nervoso em central e periférico, e os principais componentes de cada um[5].

[5] Oliver Sacks, *The River of Consciousness,* Nova York: Alfred A. Knopf, 2017.

reflexo: quando o médico testa seu joelho, batendo nele com um martelinho, a perna eleva-se automaticamente.

O cérebro

Essa estrutura extremamente complexa tem uma atuação preponderante em todas as funções do corpo humano, de tal modo que a ausência de atividade cerebral significa morte clínica. O cérebro cumpre diferentes funções de integração. Ao receber as informações que coletamos do meio ambiente por meio dos órgãos sensoriais, ele armazena os dados percebidos e, através da rede de neurônios e suas múltiplas sinapses, prepara e estabelece elos entre as diversas atividades corporais solicitadas.

O processo de formação do cérebro é muito intenso durante a gestação e continua após o nascimento. Na primeira etapa, são produzidas mais de 100 milhões de células nervosas, sendo por isso considerada um período de grande vulnerabilidade a qualquer tipo de estresse e bastante suscetível à qualidade das experiências – auditivas, táteis, visuais, olfativas, nutricionais, afetivas – que contribuem para o seu desenvolvimento.

As partes que constituem o cérebro não se desenvolvem simultaneamente. A percepção auditiva, por exemplo, inicia-se antes do nascimento, por isso o recém-nascido pode reconhecer as vozes e melodias que se tornaram familiares durante seu período fetal. A memória e a visão, por sua vez, ainda não apresentam nenhum amadurecimento nessa fase. Para que todos os sistemas se desenvolvam por completo, incluindo o córtex auditivo, o bebê necessitará de estímulos do mundo exterior, entre eles, a atenção humana.

Dado o contínuo crescimento do cérebro, o recém-nascido encontra-se num estado bastante vulnerável, em constante adaptação, razão pela qual precisamos estar atentos e cuidar de proporcionar-lhe experiências e circunstâncias propícias a um desenvolvimento saudável.

Estudos recentes mostram que o volume total do cérebro aumenta 101% durante o primeiro ano de vida e 15% no curso do segundo ano. Esse crescimento considerável é atribuído à crescente proliferação da massa cinzenta – os neurônios – e da massa branca – suas ramificações. Nesse primeiro ano, os hemisférios cerebrais aumentam em 90% do seu tamanho. Ao mesmo tempo, o volume do cerebelo – parte do cérebro especializada no controle do equilíbrio – aumenta em torno de 240% durante o primeiro ano, e totaliza um crescimento de 300% no final do segundo ano de vida.

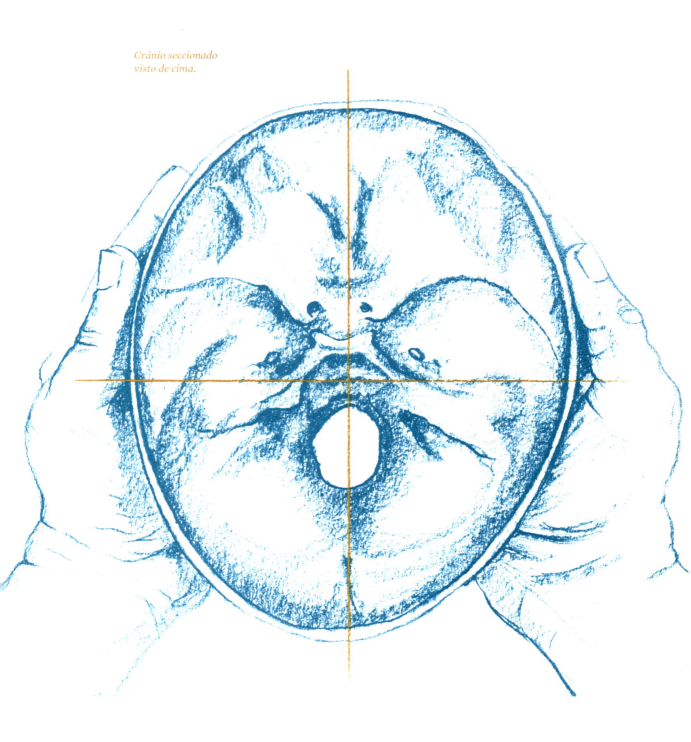

Crânio seccionado visto de cima.

Aos dois anos de idade o cérebro adquire um peso equivalente a ¾ de um cérebro adulto, o que colabora para o desenvolvimento do intelecto e do equilíbrio. O rápido aumento do tamanho do cérebro é responsável pela desproporcionalidade entre cabeça e corpo.

A matéria branca cerebral segue seu curso de desenvolvimento dos três aos trinta anos, ao passo que a massa cinzenta – os neurônios propriamente ditos – diminui seu desenvolvimento após a adolescência. Isso significa que as conexões entre cada zona do cérebro se ampliarão estruturalmente e funcionalmente, à medida que forem sendo utilizadas e nutridas, até que a criança conquiste a maturidade de um jovem adulto.

Veja o que diz Salvador Nogueira, escritor brasileiro, jornalista de ciência:

> Por muito tempo, foi difícil identificar como ocorria a evolução do cérebro ao longo da vida, que não se dirá de partes específicas dele? Um dos maiores mistérios é que, a despeito de o órgão crescer bastante desde o nascimento até a idade adulta (o cérebro de um recém-nascido tem apenas um terço de seu porte final, suas principais unidades – os neurônios – mantêm-se mais ou menos na mesma quantidade ao longo dos anos). [...] Pois bem, no cérebro infantil há muito mais sinapses do que no cérebro adulto, o que se reflete como um mar de possibilidades, mas nada realmente muito consolidado. As redes neurais, com esse excesso de falação interna, ainda estão em franca formação. "Sinal de... imaturidade", como descreve a neurocientista Suzana Herculano-Houzel, da Universidade Federal do Rio de Janeiro. "De fato, o desenvolvimento normal envolve uma primeira etapa de exuberância sináptica, atingida no ser humano durante os primeiros anos de vida. Nesse período, formam-se tantas novas sinapses no cérebro do bebê que, aos 12 meses, ele chega a possuir o dobro de sinapses do cérebro adulto – e para o mesmo número de neurônios."[6]

Os cinco sentidos e os receptores sensoriais

Os receptores sensoriais fazem parte do sistema nervoso periférico e servem para informar o sistema nervoso central dos estados e das modificações ocorridas dentro e fora dele. Localizados principalmente nos órgãos dos sentidos, eles são classificados de acordo com o tipo de estímulo que captam: químicos (boca e nariz), térmicos (pele), luminosos (olhos), mecânicos (orelha) etc.

[6] Salvador Nogueira, "As idades do cérebro" em *Revista Galileu*, disponível em http://revistagalileu. globo.com/Revista/ Galileu/0,,EDG774 38-7855-191-1,00-AS+ IDADES+DO+ CEREBRO.html; acesso em 20 mar. 2018.

São os órgãos sensoriais que, por meio de seus receptores, codificam e selecionam a relação do corpo com o espaço, com objetos, texturas, densidade atmosférica, temperaturas, formas e volumes, vibrações. Todos fenômenos necessários para nos apropriarmos daquilo que nos cerca.

Este esquema de Oliver Sacks resume o percurso de um influxo nervoso para cada um dos receptores sensoriais:

luz	som	pressão, dor e temperatura	odor	sabor	estímulo
olho	orelha	pele	nariz	língua	receptor
retina	cóclea	terminações nervosas	função olfativa	papilas gustativas	transformador
influxo nervoso					sinal
nervo ótico	nervo ótico	nervo sensitivo, medula espinhal e tronco cerebral	nervo olfativo	nervos cranianos	condutor
área visual do cérebro	área auditiva do cérebro	área tátil do cérebro	área olfativa do cérebro	área gustativa do cérebro	analisador

Vias aferentes e eferentes

A troca de informações e comandos entre o sistema nervoso central e o periférico acontece em uma via de dois sentidos: as vias aferentes e as vias eferentes.

No trânsito entre essas vias se constrói a intricada trama entre o eu, o mundo, as coisas e os fenômenos. Nessa avenida de duas mãos, um ir e vir constante proporciona os mecanismos de desenvolvimento e sobrevivência ao corpo humano.

As vias aferentes, ou sensitivas, conduzem mensagens sensoriais, informando o sistema nervoso central, enquanto as vias eferentes, ou motoras, transmitem as instruções emitidas pelo sistema nervoso central aos órgãos efetores. As vias aferentes são o caminho percorrido pelo influxo nervoso para atingir o sistema nervoso central; elas conduzem o impulso ao centro nervoso. As vias eferentes são o caminho que o influxo nervoso percorre para levar uma mensagem ao sistema nervoso periférico. Esse sistema envia um comando até os nervos motores, desencadeando assim a ação necessária.

Os estímulos expostos neste livro são pautados pelo intuito de fazer aflorar o trânsito entre vias aferentes e eferentes, ora solicitando que a criança sustente todo seu corpo, através da preensão de sua mão em uma barra, ora apoiando seus pés sobre uma prancha oscilante, tentando manter-se em equilíbrio, verticalizada. Alguns desses estímulos, provenientes de costumes de nossos antepassados, foram coletados com carinho por muitos pesquisadores; outros foram proporcionados por terapeutas que generosamente adicionaram a esse legado suas experiências. A maioria dos estímulos oferecidos ao bebê, à criança, ao jovem, ao adulto e ao idoso acontece por meio do toque de um terapeuta ou companheiro. Esses toques podem ser fricções, pressões, trações, torções e rotações, ampliando e diminuindo o equilíbrio do corpo na vertical. Outros estímulos podem ser visuais, através de aumento e diminuição da luminosidade; auditivos, como vibrações com um tambor ou instrumento de corda; olfativos, inalando o vapor úmido e morno; fonéticos, estimulando a fala, o canto, a face e consequentemente a respiração. Em suma, procedimentos que aguçem os sentidos essenciais para a formação do esquema corporal e de imagens motoras, ajudando o indivíduo na conquista de autonomias para a realização dos gestos e da comunicação.

Os impulsos ditos aferentes e eferentes são fruto de milênios de elaboração e especialização da nossa espécie, experimentos do organismo humano que ampliaram, por assim dizer, o banco de dados do sistema nervoso central. Suas particularidades estão atreladas ao modo específico da locomoção bípede humana, da constituição vertical da coluna vertebral, da organização postural, do olhar apoiado na linha do horizonte, da organização do crânio sobre as primeiras vértebras, das conquistas manipulativas (a pinça), da qualidade tátil dos pés contra o chão, do centro de gravidade do corpo humano ajustado à região do umbigo, da respiração, da circulação e da eliminação.

O importante é que se abra e amplie entre todos nós um leque de conhecimentos sobre:

- Quais informações e interferências os movimentos do corpo humano transmitem ao cérebro? Exemplo: ao saltar a partir da pressão dos dois pés contra o chão, lançando-me para cima e para frente, caindo sobre um único pé, quais sistemas recruto para não perder o equilíbrio?

- Quais informações o cérebro envia como resposta ao nosso organismo? Que organização motora e visual utilizo para enfiar a linha no buraco da agulha de costura?
- Onde se localizam as fronteiras entre os movimentos voluntários, como o saque de uma bola no jogo de vôlei, e as ações automáticas, como caminhar sustentando uma bandeja, e as contrações reflexas, como, por exemplo, reequilibrar-se ao pisar na casca de banana para não se espatifar no chão. Como se processam cada uma dessas ações em nosso organismo?

elementos
psicomotores

Tônus muscular

O grau de contração dos músculos, o chamado tônus muscular, varia de um estado de hipertonia (tensão) ao de hipotonia (relaxamento). Parte dele está submetido a um controle involuntário, regido pelo sistema nervoso, e outra parte, ao controle voluntário.

O tônus representa a causa e o efeito das experiências que vivenciamos. Sua maturação e equilíbrio ocorre entre a conformação do corpo (herança genética) e a constituição psíquica (comportamento, personalidade), estando relacionado ao controle da atenção e das emoções. Podemos dizer que o tônus regula o *ser* e o *estar* de um indivíduo.

É fundamental saber que o tônus muscular não é somente resultado do exercício da musculação. Ele é uma atitude global que proporciona postura, sustentação, e deve ser graduado. Aprender essa graduação é como controlar o acelerador do carro: primeiro você pisa com calma, até assumir uma velocidade e mantê-la. Tanto a criança quanto o idoso vivem a mesma dificuldade de percepção e controle, cada um por razões distintas: o idoso está no déficit de suas aquisições motoras, e a criança ainda as desconhece. Esse é o grande aprendizado! A consciência vem da gradação do tônus, da emissão da voz e da respiração, da manipulação de diferentes instrumentos. A consciência global de um corpo, sua postura, seu desenho, seu modo de ação, acontece pelo domínio das partes, em diferentes situações.

O equilíbrio entre hiper e hipotonicidade repercute no controle postural, na extensão e retração das extremidades do corpo – mãos, pés, face. A tonicidade dos músculos do eixo vertical deve se equilibrar no recém-nascido para que seu corpo se verticalize, erigindo a coluna vertebral. O grau de força dos músculos mais próximos ao centro do corpo diminui, enquanto os mais periféricos a ampliam, permitindo a extensibilidade necessária para a suspensão e o crescimento da coluna e a conquista da verticalidade em pé.

O desenvolvimento motor numa criança hipotônica ou hipertônica se processa de maneira diferente. Crianças hipertônicas se colocam em pé mais cedo; porém, esse aceleramento traz riscos, posicionando-as prematuramente numa rigidez vertical não convergente com o amadurecimento do seu psiquismo. Por outro lado, crianças hipotônicas atrasam seu endireitamento, correndo o risco de achatamentos prematuros da coluna vertebral e articulações dos membros inferiores. Assim, é importante estar atento aos aspectos desorganizantes, a fim de proteger a criança de desvios ortopédicos que provocarão enormes lesões no futuro. Nesse impasse, uma análise regida por um pediatra é fundamental.

COMO O CORPO
SE SUSTENTA

Equilíbrio

Podemos dizer que o equilíbrio do corpo em pé é mais um dos sentidos existentes no organismo humano: a posição em pé recruta a audição, a visão, a vibração articular, provocando reflexos de contração muscular. A vibração da luz e o foco afetam o cérebro para o ajuste do corpo na vertical. A zona vestibular alojada no cérebro, o ouvido interno, ao receber estímulos vibratórios, envia comandos ao corpo a fim de ganhar estabilidade e autonomia para o movimento. O labirinto, que funciona de maneira similar a uma curva de nível – linha imaginária utilizada em cartografia para unir todos os pontos de igual altitude de determinada região –, faz a mediação da linha do horizonte e das linhas verticais existentes no espaço com as articulações do corpo, proporcionando uma verticalidade corporal menos dispendiosa. Em resumo, um sistema induz outro sistema, que por sua vez induz outro, construindo uma interação em rede.

Nosso corpo se equilibra de acordo com três modos de organização: estática, dinâmica, estático-dinâmica.

- **Organização estática:** O controle postural, sentado ou em pé, exige uma aguçada percepção de como o corpo se situa no espaço. Para isso devemos fornecer nítidas referências espaciais ao sistema nervoso central – através de olhar, tato e audição – relativas a relevos, planos e dimensões: frente, trás, em cima, embaixo, largura direita-esquerda, esfericidade, espessura e distância.
- **Organização dinâmica:** Locomoção global do corpo associada às diferentes direções existentes no espaço, tendo a parte frontal do corpo como referência – frente, trás, em cima, embaixo, largura direita-esquerda, esfericidade –, percebendo como o tronco e os membros relacionam-se com essas direções e esses planos.
- **Organização estático-dinâmica:** O corpo em sua globalidade se estabiliza e um só segmento se move, por exemplo, ao se traçar uma esfera com precisão na tela com o pincel, mantendo o corpo em razoável estática enquanto o braço se move.

Pesquisas indicam que o domínio desses três tipos de equilíbrio é essencial para o desenvolvimento neuropsíquico da criança, pois eles são fundamentais para que ela realize qualquer ação coordenada e intencional, somando pontos ao seu futuro potencial cognitivo e imaginativo.

Quanto menos equilíbrio tem um indivíduo, mais energia muscular e articular ele consome para a execução de determinada ação, provocando então desconcentração e ansiedade. Daí a importância da conquista de um eixo no plano da psicomotricidade.

Esquema corporal

O esquema corporal refere-se ao conjunto de imagens do nosso corpo capturadas e desenhadas pelo cérebro. A partir da conquista da marcha, quando então a criança se lança a explorações mais variadas no espaço, utilizando diferentes planos, imagens de vários posicionamentos desenham-se pouco a pouco no cérebro. O esquema corporal, em suma, é o apanhado geral de como nos movemos.

Nosso desenho corporal, herança genética, potencial psíquico e modo de agir – de que maneira realizamos os movimentos nas atividades mais práticas do cotidiano, de que maneira manuseamos os objetos, como nos deslocamos e usamos o espaço, no jogo ou na luta marcial, de que forma nos posicionamos defronte um ataque ou defesa –, tudo isso vai pouco a pouco formar nosso esquema corporal. Assim como as impressões que ficam em nosso campo sensorial, tanto das conquistas quanto das dificuldades enfrentadas na realização dos movimentos e do confronto emocional com nossas habilidades e inabilidades.

O desenvolvimento do esquema corporal está estreitamente ligado à maturação neurológica, por isso as experiências vividas são fundamentais. Ele se forma até os 12-14 anos de idade, recrutando os seguintes componentes:

- **interocepção** – experiências viscerais;
- **exterocepção** – experiências trazidas pelo tato das solas dos pés, visão e audição;
- **propriocepção** – experiências trazidas pelos músculos, tendões, articulações, que informam sobre o estado de contração e relaxamento e percepção do posicionamento do corpo em diferentes situações.

Em um primeiro momento, dão-se as sensações interoceptivas, relativas à sensibilidade do tubo digestivo, à atividade da boca. A partir da alimentação e das funções excretoras, a criança vivencia as sensações do seu próprio corpo.

Em um segundo momento, são vivenciadas as sensações cutâneas, a partir da pele, do tato. A criança descobre as mãos como parte de si mesma e como instrumento de exploração, diferenciando mundo interior e exterior. Posteriormente, descobrirá outras partes do corpo, como os pés, que pouco a pouco vão se integrar ao seu esquema corporal.

Após dominar modos de deslocamento, adotará posturas mais complexas, codificando as posições adotadas e, consequentemente, tomando consciência de que seu corpo lhe pertence. Aos três anos de idade, tendo consciência das mãos, dos pés e do tronco, a criança começa a mover-se como um conjunto, descobrindo uma imagem própria.

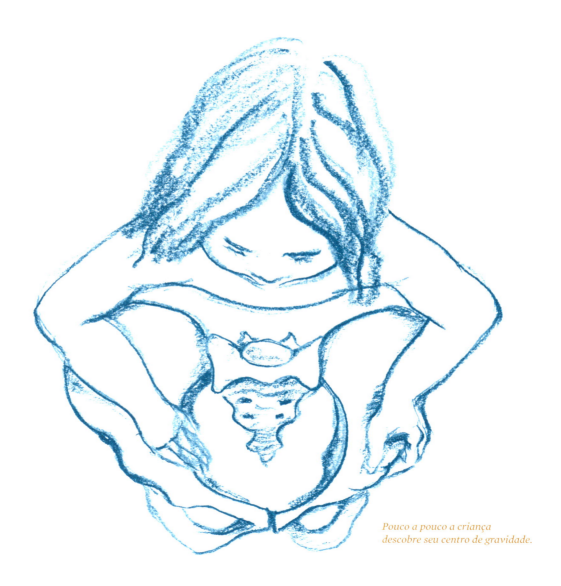

Pouco a pouco a criança descobre seu centro de gravidade.

O esquema corporal se constrói a partir de imagens capturadas e desenhadas no cérebro.

ESQUERDA E DIREITA

Lateralidade

O corpo humano em sua anatomia é razoavelmente simétrico, entretanto, no nível funcional, é assimétrico. Ou seja, entre os dois hemisférios cerebrais haverá sempre um dominante. A dominância do hemisfério cerebral esquerdo, por exemplo, corresponde a uma dominância lateral direita no corpo e vice-versa.

A lateralização do cérebro foi definida com mais precisão em 1824, pelos trabalhos de Paul Broca, médico e cientista francês, cujos estudos indicam que certas funções do cérebro serão preferencialmente desempenhadas por um ou outro hemisfério.

A dominância hemisférica não implica, porém, uma unilateralidade exclusiva. Um hemisfério dominante em uma função se ocupa preferencialmente dessa função, com uma certa participação do outro hemisfério. Há várias funções que são repartidas entre os dois hemisférios, não sendo desempenhadas com exclusividade por nenhum deles.

Os dois hemisférios respondem ao mesmo tempo a uma solicitação, provocando sensação, emoção e ação. Existe um diálogo permanente entre eles, um debate que, após um certo tempo, provoca a resposta do hemisfério dominante. Não se trata de dois cérebros e sim de complementaridade, divisão de funções.

A escolha definitiva do lado dominante não se restringe somente ao membro superior, à mão; inclui também a escolha do pé, do olho e do ouvido. A lateralidade não é um processo que se instala e sim uma característica do indivíduo.

A lateralidade é adquirida mais ou menos entre 6-7 anos, podendo ser homogênea (quando utilizamos pé, olho, ouvido e mão do mesmo lado nas habilidades motoras) ou não homogênea (quando se divide entre os dois lados). Alguns pesquisadores estabelecem que, se a partir dos 5 anos, a dominância lateral ainda não estiver definida, principalmente a da mão, devemos propiciar estímulos ao lado que se apresenta mais hábil.

O conhecimento esquerda-direita decorre da noção da dominância lateral. É o que propicia a percepção do eixo corporal e de tudo o que cerca a criança – nisso reside a fonte da estruturação espacial, pois é o que estabelece a localização dos outros e das coisas! Esse conhecimento se dá em três etapas:

- **5 a 6 anos:** a criança toma consciência dos dois lados do seu corpo, o direito e o esquerdo;

- **7 a 8 anos:** a criança toma consciência do que está à sua direita e esquerda e exteriormente a si;
- **9 a 11 anos:** a criança é capaz de reconhecer a lateralidade do outro e dos objetos entre eles. Estabelece em seu imaginário a direita e a esquerda do objeto que lhe é solicitado.

São muitas as razões envolvidas na escolha do hemisfério: genéticas, posicionamento do feto durante a gestação, o modo como a criança é carregada e até mesmo a localização do berço no quarto de dormir. Contudo, vivemos numa sociedade que funcionalmente organiza as ferramentas e utensílios dando preferência ao destro; por isso, devemos ficar atentos para não forçar os pequenos às preferências do sistema instituído.

É sempre muito curioso acompanhar a criança durante essa apropriação. Atente-se e a assessore na conquista de arranques, impulsos e velocidades, no ganho de mais liberdade. Às vezes ela recorta com a tesoura na mão direita e joga a bolinha de gude com a mão esquerda – que ganhe destreza nessas dominâncias específicas. Muitas usam uma das mãos para exercícios de precisão e a outra para exercícios de força. Enfim, colabore quando a lateralidade não é homogênea, ajudando-a a discernir o lado esquerdo do direito por meio de ações repetidas e determinação verbal. Por exemplo, brinque e ensine-a a classificar coisas do lado direito e esquerdo ao arrumar a mesa e colocar os talheres. Existe um universo infinito de possibilidades e tomadas de consciência, não faça corpo mole nesta etapa!

A escrita, a caligrafia, faz parte de uma aquisição motora complexa. Está diretamente ligada a uma boa estruturação do esquema corporal, portanto, não deixe as percepções de lateralidade da criança ensurdecerem nesse período.[7]

Estruturação espaçotemporal

A orientação espacial permite à criança estabelecer relações entre o seu corpo e os outros corpos e objetos ao seu redor. São percepções que recrutam a visão, a cognição para repetir um percurso, como distanciar-se ou aproximar-se, contornar, não esbarrar, brecar para atenuar um impacto. Ela exercita e amplia sua percepção, calculando o tempo de uma ação, a quantidade de impulso/força para o alcance de uma meta. Através dessas experiências, muitas conquistas se estabelecem, repercutindo em

[7] Michael S. Gazzaniga, Richard B. Ivry, George Ronald Mangun, *Neurociência cognitiva: a biologia da mente*, Porto Alegre: Artmed, 2006.

todas as suas relações. Preparar a criança para gestos de precisão e risco, ajudá-la a descrever esses percursos são os primeiros passos para o enriquecimento do seu sistema cognitivo e intelectual. Converse, ensine-a a relatar, intervenha, instigue-a.

A estruturação espaçotemporal recruta a consciência sobre a sequência dos acontecimentos e a percepção da sua duração, permitindo-lhe discernir o princípio, a duração e o final de uma atividade. Normalmente, entre os 2 e 6 anos, a criança tem dificuldades em estabelecer essa sequência. Se pedir-lhe, por exemplo, para subir no andar de cima, ir ao seu quarto, abrir a terceira porta do armário à direita da porta de entrada, abrir então a última gaveta, embaixo, pegar uma caixa marrom e trazê-la para você, ela certamente terá imensas dificuldades espaciais e de memória. Mesmo assim, proponha: é divertido e fundamental.

Já entre os 7 e 12 anos, ela consegue realizar tarefas lógicas e espaciais que envolvam conservação dos materiais, como armazenar a salada ou uma fruta muito madura na geladeira; percepção do ambiente, fechando a janela quando um trovão anuncia a tempestade; e noções de saúde e higiene ao escovar os dentes ou lavar as mãos. Em suma, ordenando seus procedimentos, colaborando então para que suas relações adquiram fundamentos.

EQUILÍBRIO EM PÉ

Armazenamento dos padrões de movimento, memória motora

A coordenação motora se processa através da utilização conjunta de distintos grupos musculares para a execução de uma tarefa de razoável complexidade. Isso é possível porque padrões motores que em origem surgiram de modo independente se encadeiam, formando novos padrões que posteriormente serão também automatizados. É infinito o universo dessas conquistas.

À medida que um padrão é automatizado, seu encadeamento fica registrado no cérebro; a partir de então, diminui o nível de atenção exigido inicialmente, e esta pode então ser direcionada para ações complementares.

A coordenação dinâmica geral tem um papel importante na especialização dos comandos nervosos, trazendo precisão às sensações e percepções absorvidas. A prática neuromuscular age no controle de si própria, refinando o modo de agir e entender as coisas.

Para que um gesto aconteça corretamente são necessárias as seguintes características motoras:

- a precisão ligada ao equilíbrio geral e à independência muscular de um certo segmento;
- a possibilidade de repetir um mesmo gesto mantendo sua precisão;
- a independência direita-esquerda;
- a adaptação do organismo em relação ao esforço muscular;
- a adaptação sensório-motora e a adaptação ideomotora, ou seja, possuir uma representação mental dos gestos executados, no intuito de conseguir um ato desejado.

Todas as qualidades decorrentes evoluem em função do amadurecimento neuromotor, que depende da experiência. A independência motora consiste na capacidade de o indivíduo, ao longo de sua vida, controlar separadamente cada segmento, cada pedaço do seu corpo, conquistando o domínio necessário para a execução de determinada tarefa. Esse é um dos marcos da conquista psicomotora. O ideal é que múltiplas diferenciações sejam experimentadas até o início da puberdade. Para que tudo isso se processe, a visão, o cálculo mental decorrente e a dosagem de força terão que entrar em pauta muito cedo nas atitudes e nos comportamentos.

geometria
do corpo

Quando alguém chama a atenção para sua postura – "Endireite as costas!", "Isso é modo de sentar defronte a um computador?" –, o que passa em sua mente? Se atingido pela observação, acredito que imediatamente inicie algum mecanismo de organização postural, certo?

A postura do corpo humano é programada a partir das formas geométricas existentes em cada região: pescoço e cabeça; tronco e bacia; cintura escapular e braços; pernas e quadris; mãos, pés e olhar. A superposição de cada um desses segmentos determina o modo de organização postural. Acessar com razoável percepção a postura demanda um longo percurso, várias tentativas de tomada de consciência, até que as impressões concretas se inscrevam em nosso esquema corporal.

Existem duas maneiras de acesso: a primeira é o reconhecimento da forma global, percebida quando se está parado em pé ou sentado, durante a refeição, a escrita, a digitação, o bate papo; a segunda é a observação das atitudes funcionais mais comuns e repetidas do cotidiano, como vestir-se, calçar o sapato, tomar banho, subir e descer a escada, abrir e fechar a porta, levantar e sentar, pegar um objeto no chão, sustentar uma bandeja, transportar um objeto.

CORPO E GESTO

De acordo com Gagey, os gestos recrutados em ações cotidianas são essenciais para conquistarmos domínio postural; executados com uma inteligência funcional, estruturam as formas geométricas que desenham o corpo humano. Assim, ao realizar um movimento – por exemplo, ao mexer a comida na panela, descascar um alimento, preparar-se para pegar a bola no jogo de tênis –, atente para esse segmento do seu corpo que está em movimento e tente perceber onde ele se apoia para conseguir flutuar contra a gravidade. Entenda: os movimentos, para atingirem sua meta, necessitam apoiar-se sobre uma estrutura sólida.[8]

Fortalecer em suas representações mentais a geometria que seu corpo possui quando estático, bem como perceber de que maneira ele se organiza para executar cada ação, é a condição necessária para o sistema nervoso central elaborar seus cálculos: impulsionar, brecar, equilibrar a quantidade de força imposta a um gesto, perceber em que plano do espaço ele se realiza. Desenvolver referências posturais traz ao corpo um estado de presença, o que é capital para uma boa execução dos movimentos. Na hora do embate, o atleta improvisa múltiplas ações de ataque e defesa, certo? A riqueza dos procedimentos de um treinador está em preparar a postura do atleta para cada uma dessas ações, para o *feedback* postural de suporte, protegendo-o contra os desequilíbrios que uma descarga nervosa provoca no organismo, onde a ação de ataque ou defesa deve ser preparada múltiplas vezes, agindo em seu sistema nervoso central, até que surjam as autonomias, conseguindo que um impulso ou reflexo se efetue em milésimos de segundos – por exemplo, a famosa cobrança de pênalti, em que o ataque por um lado e a defesa pelo outro expõem intensamente essa situação.

A reciprocidade entre a organização postural e a execução dos movimentos, ou seja, de que modo uma dá suporte à outra, é extremamente importante para a saúde física e psíquica do corpo. Nessa incessante dialética, surgem funções inteligentes, úteis à longevidade.

CONSCIÊNCIA CORPORAL

Esfericidades, abóbadas, arcos: o corpo é um volume

Nosso esqueleto é composto de 206 pedaços. Esses pedaços se constroem de tal modo que, submetidos ao efeito da gravidade, os eixos ósseos se dobram sucessivamente para frente e para trás, em ziguezague. No entanto, o esqueleto é fixado, animado, dinamizado por uma organização de cabos musculares que lhe permite erigir-se no espaço.

[8] Bernard Weber, Pierre-Marie Gagey, Posturologie: régulation et dérèglements de la station debout, Paris: Masson, 2005.

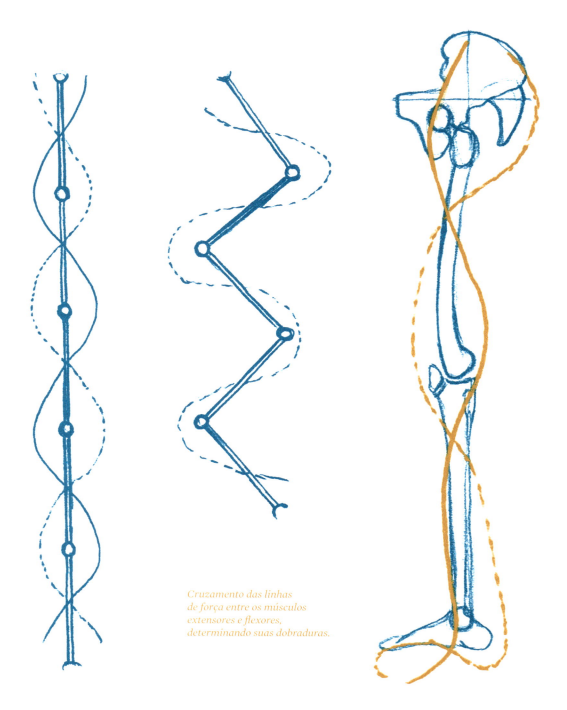

Cruzamento das linhas de força entre os músculos extensores e flexores, determinando suas dobraduras.

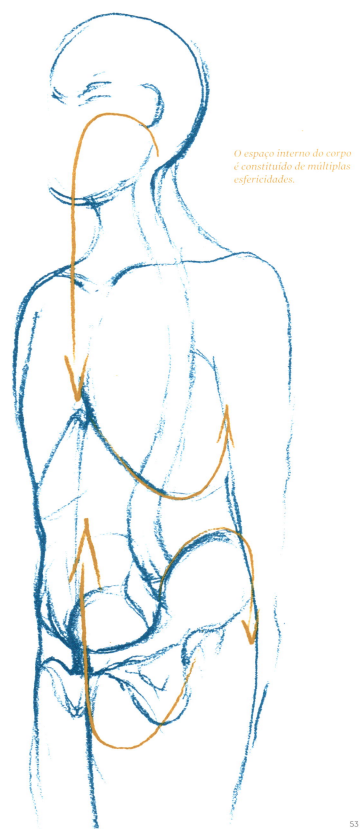

O espaço interno do corpo é constituído de múltiplas esfericidades.

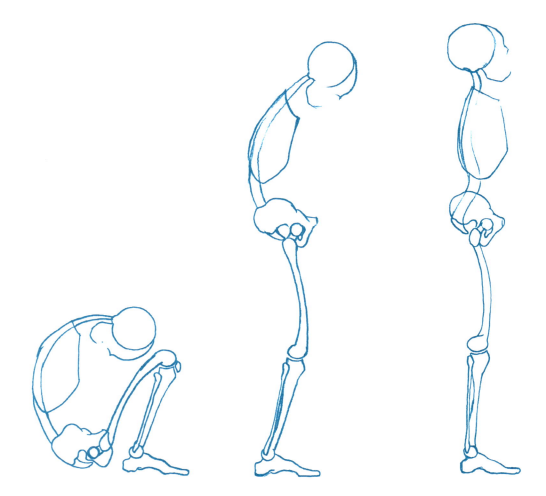

Os músculos apresentam uma estreita relação de antagonismo com o esqueleto: o esqueleto se afunda sobre o solo, dobrando-se sobre si mesmo, enquanto os músculos o suspendem, endireitam-no para cima. Essa dialética permite ao ser humano *enrolar-se* sobre si mesmo ou *suspender*-se sobre os pés, segundo suas necessidades e desejos. O movimento de endireitamento e enrolamento é um movimento fundamentalmente humano.

O corpo humano dispõe de 637 músculos – entre eles, 100 nos membros superiores, 104 nos membros inferiores, 176 na cabeça e pescoço, e 51 para os aparelhos e órgãos, como língua, faringe, laringe, uretra, ânus, cordão espermático. A maior parte dos músculos são pares e estão dispostos simetricamente em relação ao eixo vertebral, onde funcionam numa relação de constante antagonismo.

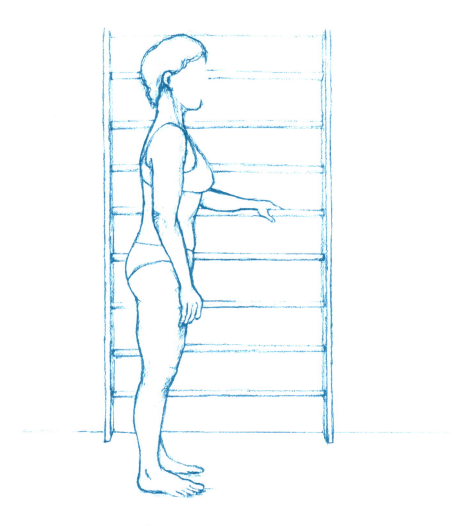

Os músculos pares monoarticulares movimentam os eixos ósseos em dois planos do espaço, enquanto os pluriarticulares movimentam os eixos ósseos nos três planos do espaço. Estes marcam a expressão da organização do corpo no espaço e foram denominados "condutores de movimento" por Piret e Béziers, termo claramente mapeado no livro *A coordenação motora*[9]. Esses músculos são os chefes motores que recebem, transmitem e organizam o movimento a partir de sua própria tensão. Certamente, sem eles não poderíamos nos endireitar, tampouco nos locomover.

Nosso corpo se organiza, se desenha no espaço como um volume global, formado por pequenos volumes que se coordenam entre si. Esses pequenos volumes têm as mesmas estruturas de funcionamento existentes no volume global: por exemplo, o enrolamento e endireitamento que ocorre no tronco também acontece nas mãos e nos pés.

[9] S. Piret e M. M. Béziers, *A coordenação motora,* São Paulo: Summus, 1992.

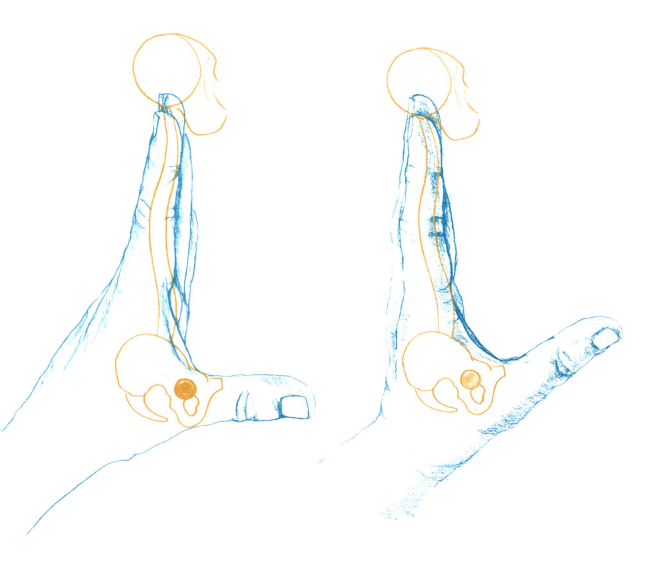

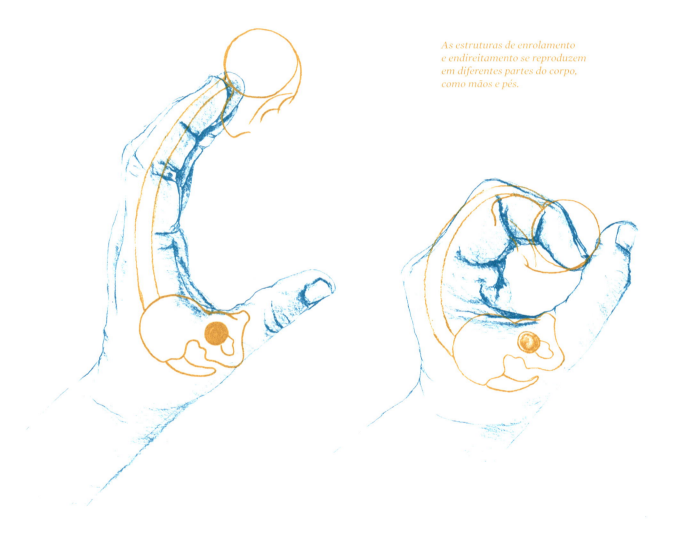

As estruturas de enrolamento e endireitamento se reproduzem em diferentes partes do corpo, como mãos e pés.

O CORPO E A GRAVIDADE

A orientação principal de todas as unidades motoras do corpo baseia-se nos seus enrolamentos em direção ao centro do corpo. Existem cinco unidades que se organizam sobre um mesmo modelo: quatro idênticas – duas nos membros superiores e duas nos membros inferiores – e uma unidade principal, o tronco. No nível dos membros superiores, a mão se enrola na direção do antebraço, que por sua vez se enrola para o braço, que se enrola para o tronco; no nível dos membros inferiores, o pé se flexiona na direção da perna, que se dobra para a coxa, que se dobra para a bacia; no nível do tronco, bacia e cabeça se enrolam uma em direção à outra.

No início de nossa vida, o jogo agonista e antagonista dos músculos ainda não está presente, somente os enrolamentos estão disponíveis, sustentados por uma hipertonicidade existente nos músculos flexores. Nesse período, toda e qualquer atitude precoce em direção à extensão assinala um estado patológico. Pouco a pouco, através da maturação neuromotora, o bebê descobre os movimentos de extensão e de expansão das suas unidades motoras, ao mesmo tempo que os pequenos volumes coordenam-se entre si, transmitindo sensações de globalidade ao corpo.

Vale lembrar que o sistema nervoso central não lê a função de um músculo isoladamente; ele detecta e registra a ação motora, atentando-se à intenção objetiva de um movimento. Por isso, ao propormos um exercício, o intuito é organizar os membros e o tronco para funcionar como uma unidade de coordenação, ou seja, perceber o braço inteiro ao lançar ou pegar um objeto; sentir a perna em sua totalidade ao dar um passo; preparar os músculos para o impulso do salto; construir mecanismos de resistência quando o corpo retorna ao chão após um pulo. E, ao executar os movimentos, observar o funcionamento do tronco ao enrolar-se, ação que promove uma oposição entre cabeça e bacia, ou seja, entre os ossos sacro e occipital, e que, quando bem coordenada, amplia a força dos músculos do tronco; ao endireitar-se, isto é, ao retornar à verticalidade, mantendo a largura das escápulas, costelas e asas ilíacas; e ao torcer, estabelecendo a oposição das duas cinturas, escapular e pélvica – ação que necessita previamente da estruturação dos músculos que geram o enrolamento, pois a torção, quando ocorre num tronco fixado em extensão, causa graves problemas à coluna vertebral.

Para a execução de um movimento, um estímulo aferente é lançado em direção ao centro do corpo – a transmissão de um influxo nervoso deverá provocar um conflito entre duas partes do corpo; no tronco, duas estruturas se enrolam, se opondo; nos membros, devido à disposição óssea, duas partes se opõem, provocando dois polos em torção.

Os impulsos aferentes percorrem os músculos condutores do movimento, que são os agentes principais da transmissão de força de um segmento do corpo para outro. A transmissão de sua força cria imediatamente uma sensação de unidade, devido à sua disposição em torção, ampliando e regulando o tônus durante a flexão e extensão dos membros. É por isso que, na primeira etapa da reeducação do movimento, devemos ensinar o aluno a funcionar através das suas unidades motoras, ensiná-lo a conduzir a tensão; afinal, suas articulações não são simples dobradiças de porta, mas, sim, estruturas que funcionam em três dimensões.

Aos músculos monoarticulares caberá a função de fazer pequenos ajustes, ou a fixação das articulações, necessária para o suporte de cada ação funcional realizada no cotidiano; eles fixam e encaixam as articulações, fornecendo estabilidade ao corpo durante uma atividade.

Em relação à postura, deverão entrar em jogo todos os grupos musculares existentes em nosso corpo, tanto os responsáveis pela estática quanto os ditos dinâmicos, pois a ação postural funciona como uma unidade integrada. Mais músculos agindo na postura, mais equilíbrio no tônus global, protegendo o corpo de fixações articulares e deformações do desenho.

Reconhecendo a geometria corporal

Deve-se começar a elaboração e a percepção da postura logo a partir da fase em que a criança começa a escrever, até que se conclua a travessia da puberdade. Exercícios simples de observação, como os apresentados nesta seção, permitem reconhecer o desenho do corpo humano no que se refere à sua geometria. Você pode realizá-los com a ajuda de um parceiro; para isso, peça que ele descreva na sua pele, várias vezes, o traçado das figuras a seguir – dessa maneira, a pele informa e marca tais impressões no cérebro. Numa segunda etapa, seu parceiro desenhará imaginariamente com as mãos essas figuras geométricas no espaço, como se estivesse esculpindo o seu corpo. Depois é a sua vez: troque de lugar com ele e repita as ações anteriores, de modo que ambos concretizem essas imagens em seus cérebros. A partir de então, sempre e em qualquer atividade, procure preservar as formas geométricas do seu corpo, ou então, ao finalizar uma ação, retome mentalmente tais referências, reatualizando-as no cérebro.

O cubo da bacia e o paralelepípedo do tronco

As imagens a seguir nos ajudam a ver a estrutura tridimensional da bacia e imaginar sua altura, sua largura e o volume que ela ocupa no nosso corpo.

Para perceber a largura da sua própria bacia, coloque as mãos nas laterais das cristas ilíacas e identifique, de olhos fechados, o espaço que existe entre elas; depois tente manter as mãos onde estão e dê um passo para trás, afastando seu corpo. Abra os olhos. A distância que você está vendo entre as mãos corresponde à largura de sua bacia.

De perfil para um espelho, apoie o pé direito em um banco. Com a mão direita, apalpe sua bacia por baixo até encontrar a ponta do ísquio. Mantenha a mão aí. Com a mão esquerda, encontre a parte mais alta de seu ilíaco direito e apoie a palma de sua mão por cima. Olhe pelo espelho: a distância entre suas mãos corresponde à altura de sua bacia.

Para visualizar sua espessura, proceda da mesma forma, colocando a palma de uma das mãos no púbis, à frente, e a palma da outra mão no sacro, atrás.

Depois desse reconhecimento, sente-se no chão, ou em um banco firme, feche os olhos e tente interiorizar a percepção dessas medidas, atentando à forma do cubo e à noção de volume que dela resulta.

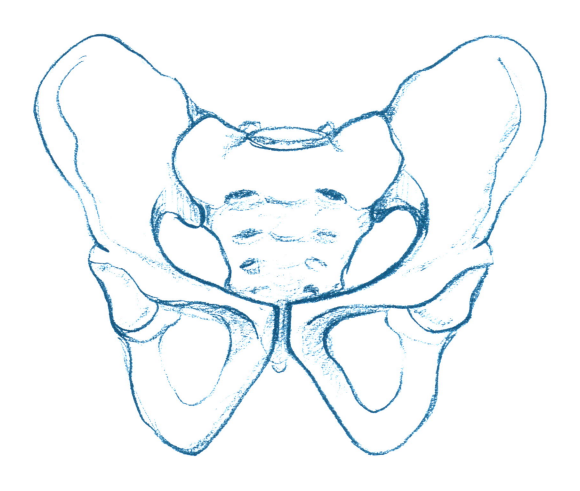

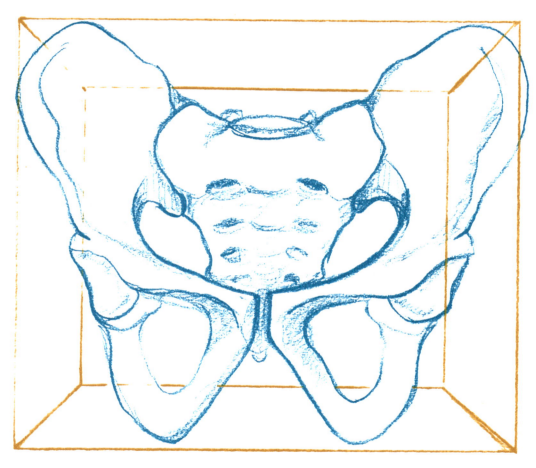

*A forma global da bacia se inscreve
na figura geométrica do cubo.*

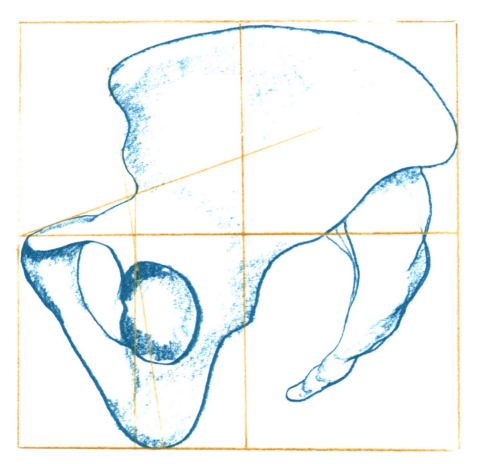

Vista lateral da bacia.

A deformação da simetria desse cubo, frequentemente visível quando o indivíduo estaciona seu corpo em pé e desloca o peso para uma única perna, ou quando, sentado, cruza as pernas, torcendo a bacia, pouco a pouco gera desequilíbrios tônicos entre os dois lados do corpo. O hábito de manter o corpo nessas atitudes assimétricas provocará deformações estruturais.

Da mesma forma que com a bacia, visualizar o tronco como um paralelepípedo favorece a compreensão da sua tridimensionalidade. A partir dessa imagem, temos delimitados não apenas o plano frontal, mas a existência de uma parede anterior, uma parede posterior e duas paredes laterais. Estas funcionam como referência para a organização do corpo em relação às linhas e planos existentes no espaço que nos circunda.

> Sente-se de frente a uma mesa, organizando seu tronco em relação ao plano determinado pela borda do móvel. Observe que a parede anterior do tronco (do paralelogramo) está paralela à borda da mesa e seu olhar se organiza à sua frente.

> Da mesma forma, deite-se de lado, apoiando a parede lateral do tronco (o paralelogramo), e atente para que as paredes anterior e posterior fiquem paralelas à borda da cama. Observe que assim você define uma frente para o seu corpo, que provavelmente "olha" para uma das paredes do cômodo em que se encontra.

Essas referências são muito simples e de fácil percepção, mas quando vemos um adolescente sentado estudando, ou uma pessoa deitada de forma desconfortável, com o ombro esmagado e o corpo pendendo para frente ou para trás, sabemos que essa organização, com muita frequência, é inexistente.

Quais as referências para a percepção do paralelepípedo do tronco? No plano frontal, traçamos um retângulo da seguinte forma: para o limite superior, consideramos a linha que une os dois úmeros; nas laterais, definindo sua largura, as linhas verticais que unem a crista ilíaca ao úmero, passando pelas costelas. Como referência para a extremidade inferior, podemos usar a própria linha horizontal que tangencia as cristas ilíacas e que, por sua vez, é o limite superior do cubo da bacia – como nos brinquedos de montar, um paralelepípedo que se apoia em um cubo. Mas podemos também usar como referência a linha definida pelas articulações coxofemorais, de forma que o paralelogramo englobe, de certa forma, o cubo da bacia. Na ilustração da página 67, vemos as mesmas referências, agora de costas.

A forma global do tronco se inscreve externamente na figura geométrica do paralelepípedo, e internamente na esfericidade do cilindro.

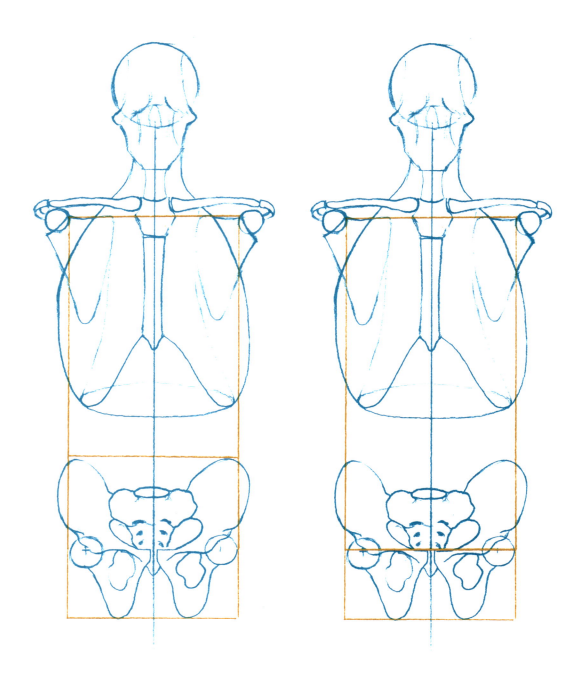

Pessoa de frente com cubo na bacia e retângulo no tronco.

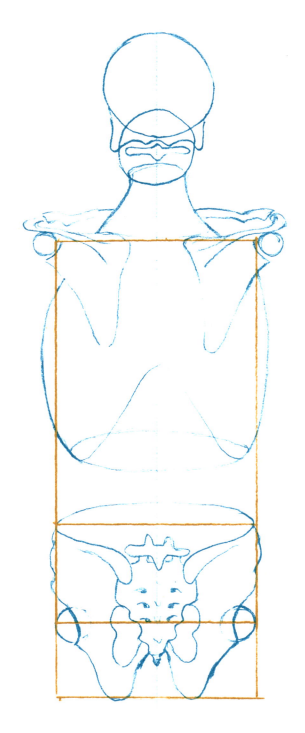

Vista posterior.

Assim, temos que a forma cúbica da bacia sustenta o desenho retangular do tronco, que, em seu volume, possui a forma de um paralelepípedo. Veremos daqui a pouco que o tronco, por sua vez, sustenta o losango escapular e, finalmente, o triângulo pescoço-cabeça.

Apesar de visualizarmos a bacia em seu conjunto como um cubo, os ossos que a constituem não possuem ângulos retos e vértices. São, ao contrário, arredondados e torcidos.

Os ossos do nosso corpo são constantemente submetidos a forças de diversas naturezas, que os modelam não apenas durante o desenvolvimento, mas ao longo de toda a nossa vida. Essas forças (peso, tração) são aplicadas em diferentes direções e é por isso que a grande maioria dos nossos ossos tem uma estrutura torcida.

O ilíaco é aquele em que essa torção é mais evidente. Ele se assemelha a uma hélice; entre a asa ilíaca e os ísquios, vemos forças aplicadas em direções opostas. O ponto de cruzamento dessas forças coincide com a região do acetábulo, que é, com certeza, a sua parte mais densa, mais "reforçada", pois recebe, por meio do contato com a cabeça do fêmur, as forças ascendentes provenientes do contato do pé com o chão.

Por sua estrutura torcida, vemos que quanto mais os ísquios se aproximam, mais as asas se alargam – é o que ao mesmo tempo confere largura e coesão / mobilidade e estabilidade ao ilíaco.

Pensando na sobreposição de formas geométricas, podemos entender como o alargamento da estrutura óssea da bacia, a partir da abertura das cristas ilíacas no plano frontal, fornecerá estabilidade ao tronco e à cabeça.

Simplificar o desenho do tronco imaginando-o como um paralelepípedo, com suas faces e ângulos retos, tem como objetivo nos ajudar a situar o corpo em sua tridimensionalidade. Mas, assim como fizemos com a bacia, se olharmos os ossos que dão ao tórax sua forma, veremos que são extremamente curvos e torcidos.

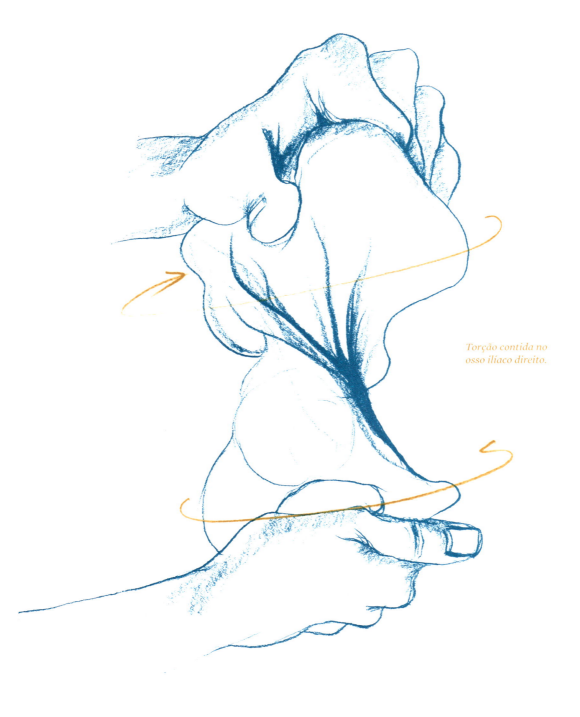

Torção contida no osso ilíaco direito.

Com nossas mãos podemos perceber a torção contida nos ilíacos.

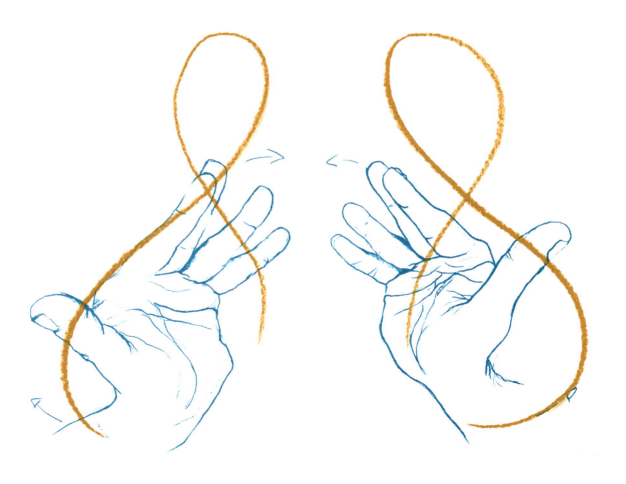

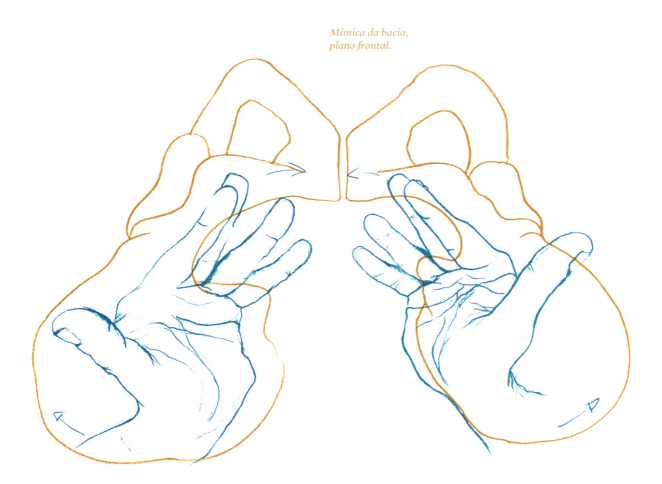

Mímica da bacia, plano frontal.

Com os braços podemos perceber a junção dos três ossos da bacia, definindo a linha inominada.

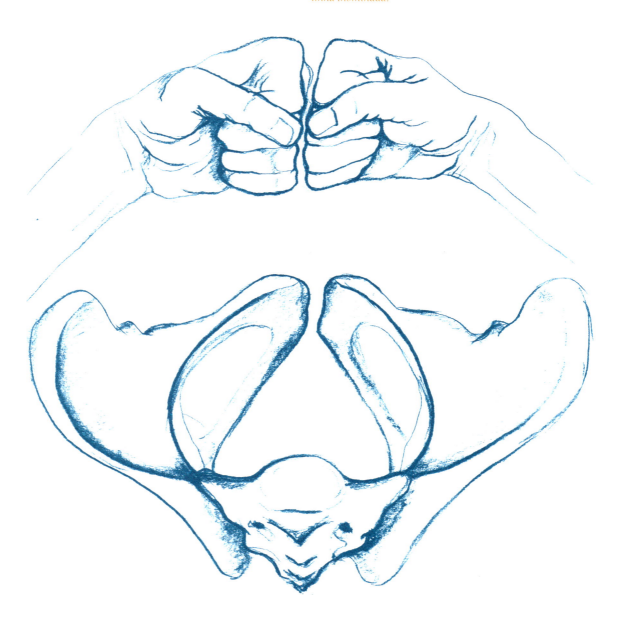

Tronco: tórax continente

As costelas conferem ao tronco um desenho cilíndrico, que se assemelha, na forma, a uma garrafa: mais estreita em cima, próximo ao gargalo, e logo mais abaixo, bojuda.

As costelas, assim como outros ossos do corpo, têm uma estrutura torcida. Se acompanharmos seu desenho partindo da frente, em sua inserção no esterno, podemos constatar que elas descem, abrem-se para os lados e sobem por trás.

Ao contrário do que se pensa normalmente, elas não têm apenas a função de expansão do tórax na inspiração: agem na sustentação e estabilidade do tronco, diminuindo a sobrecarga da coluna vertebral, e atuam de forma a garantir a descompressão desta. Como fazem tudo isso? Apenas realizando, com a ajuda dos músculos adequados, seu movimento fisiológico: descem na frente, alargam para os lados, e sobem atrás.

Existem vários músculos que cooperam para a manutenção dessa linha de força das costelas, contribuindo com suas funções de sustentação e suspensão do tronco. A maioria deles tem uma direção oblíqua da frente para trás e de baixo para cima.

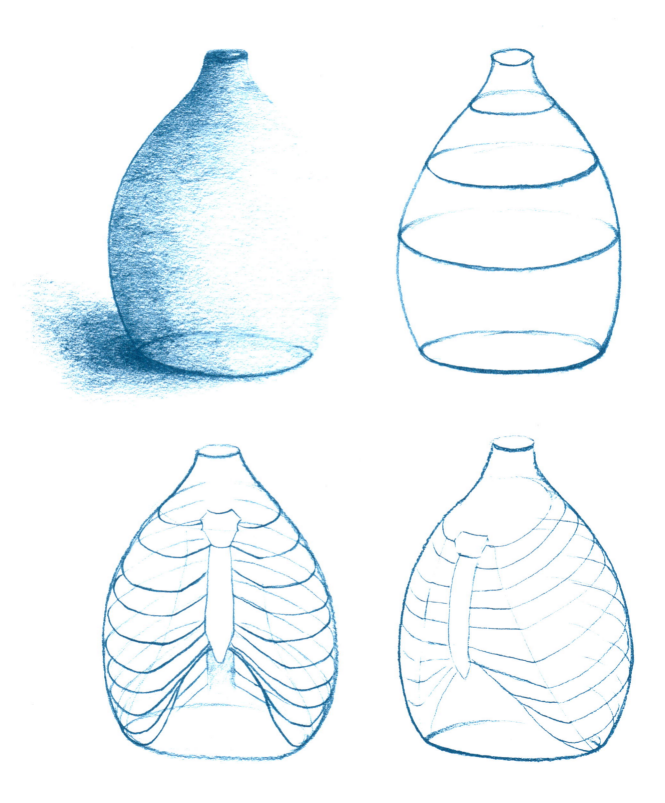

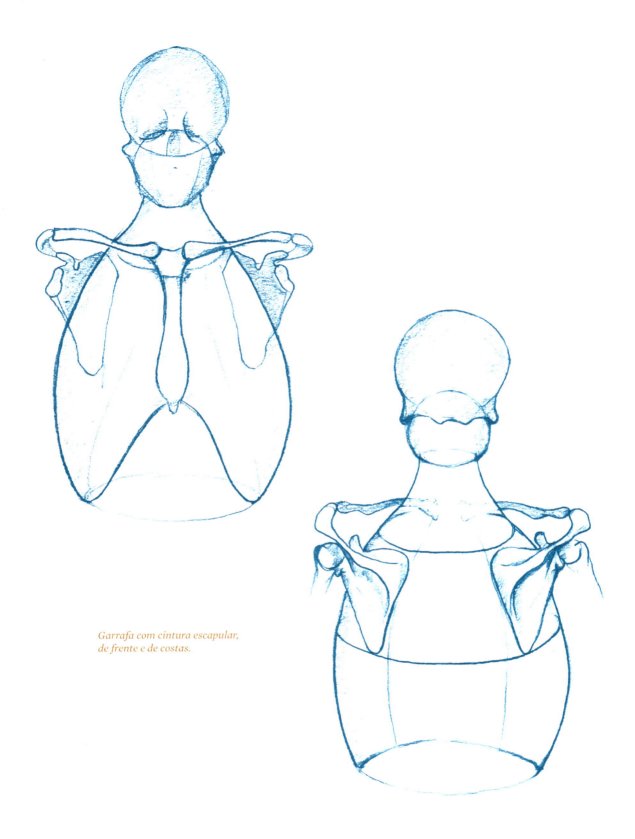

Garrafa com cintura escapular, de frente e de costas.

O losango escapular

Apoiada sobre o tronco, encontra-se a cintura escapular, formada por duas clavículas na frente e duas escápulas atrás. As clavículas unem-se ao tronco pelo osso esterno e articulam-se com as escápulas. O conjunto por elas formado circunda e se apoia na parte mais bojuda da garrafa formada pelas costelas, tal qual um colar.

É comum pensarmos que o ideal é mantermos as costas e os ombros "retos". Mas se o tronco é um cilindro e as escápulas se apoiam nele, elas devem acompanhar essa linha esférica. De fato, se olharmos a face da escápula que está em contato com o tronco, veremos que ela é ligeiramente côncava. É nessa superfície arredondada do tronco que a escápula desliza.

Olhando essas estruturas de cima, vemos que elas circundam o tronco em linhas oblíquas, formando a figura de um losango. A estabilidade e a largura desse losango dependem do volume e da estabilidade do tórax, no qual se apoia e que, por sua vez, depende do equilíbrio da bacia.

É esse posicionamento em linhas oblíquas que faz com que a glena – superfície articular na qual se acomoda a esfera do úmero, osso do braço – olhe para a frente e para fora, favorecendo a funcionalidade dos braços à frente do corpo.

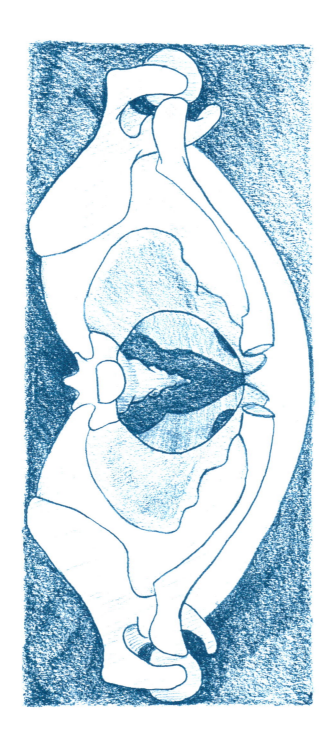

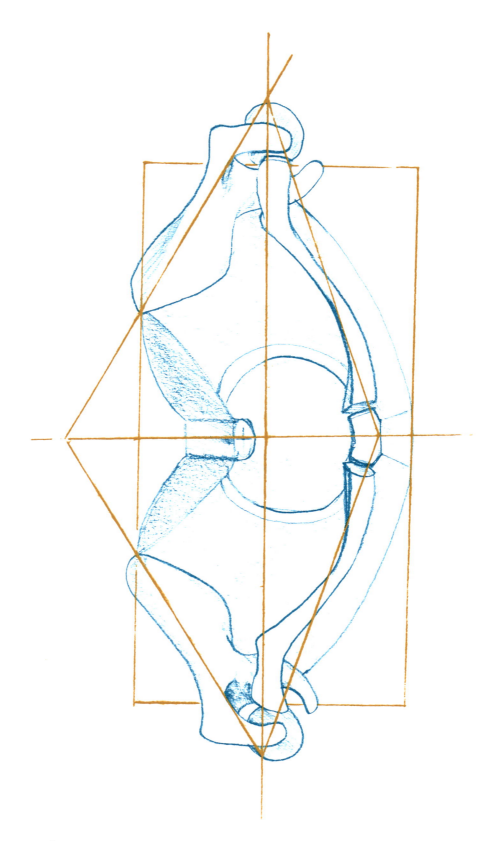

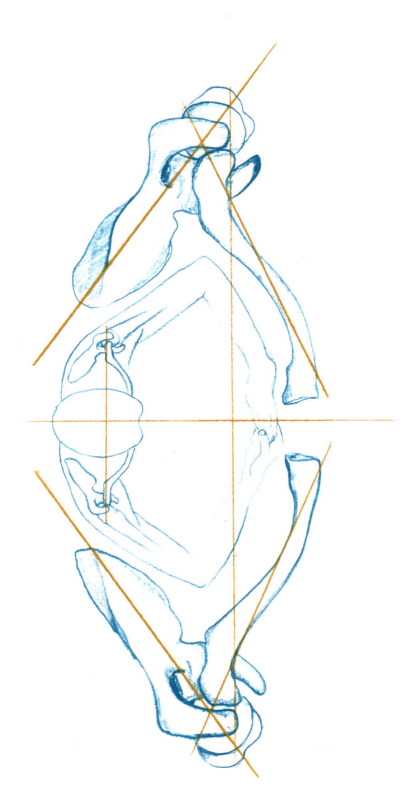

Cintura escapular vista de cima com linhas do losango.

A resultante dessas forças é um desenho ligeiramente esférico, que permite que as mãos se orientem à frente do corpo para as mais variadas funções (comer, escrever, se comunicar, se relacionar, carregar algo, pegar) sem que o tronco e a cintura escapular percam sua largura.

Isso pode ser exercitado com um movimento singelo: deite-se no chão, organize seu corpo em relação à linha média, tendo como referência a linha que une nariz, boca, umbigo e genitais. Segure um pé com ambas as mãos, trazendo-o para essa linha média e colocando-o de frente para o olhar.

Esse pequeno hábito diário educa os gestos à frente do corpo, garante as torções fisiológicas de braços e pernas, necessárias à preensão e à marcha, mas principalmente alimenta as forças flexoras, que se dirigem para o centro do corpo e equilibram o excesso de força dos músculos extensores, que nos mantêm em pé.

As escápulas devem viver sob a condição de apoio e tração. A ação dos braços deve gerar constantemente forças de tração entre um lado e o outro do corpo, a fim de garantir a largura do losango. Essas forças se assemelham àquela que o arqueiro utiliza ao posicionar e tensionar a flecha no arco, preparando-a para ser lançada.

As mãos, com sua estrutura tensionada em abóbada, têm uma função primordial nessa organização. Os gestos das mãos, quando bem organizados, mantêm um polo de tensão na extremidade dos braços que garante, ao mesmo tempo, o alcance do gesto propriamente dito e o encaixe correto da cintura escapular sobre o tronco.

Veja que entre as escápulas, as clavículas e o esterno existe uma mobilidade articular que permite tanto a elevação dessas estruturas, que se aproximam fechando os ângulos do losango, como seu abaixamento, momento em que se acomodam no volume das costelas, ampliando os espaços entre si. Observe que, nas ilustrações das páginas 84 e 85, a pressão das mãos, exercida sobre o banco, favoreceu a passagem de tensão até o tronco, induzindo o encaixe correto da cintura escapular, e desta até a cabeça, gerando sua descompressão. Experimente fazer esse exercício e observe como a cintura escapular se encaixa sobre seu tronco.

É sobre essas estruturas sobrepostas que construiremos as condições para que o crânio se equilibre sobre o tronco, em suas nuances de movimento.

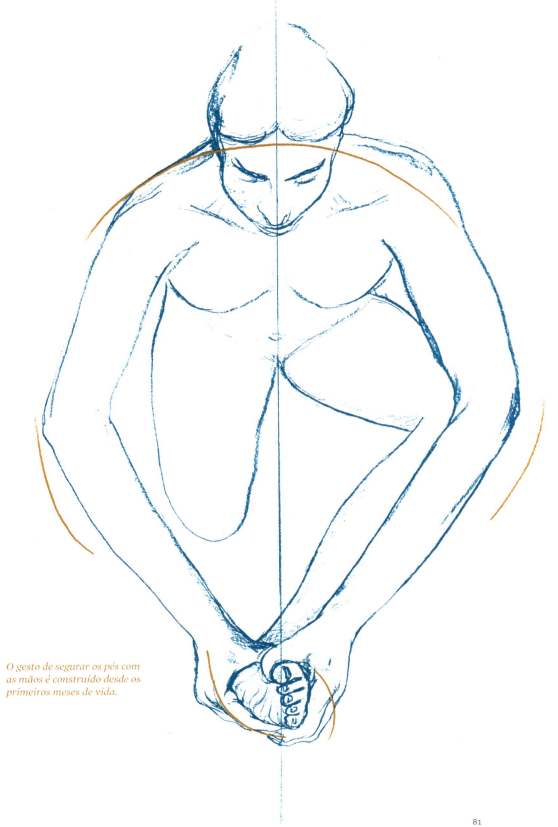

O gesto de segurar os pés com as mãos é construído desde os primeiros meses de vida.

Trações essenciais para o encaixe da escápula sobre o ombro (lado direito), formando o losango.

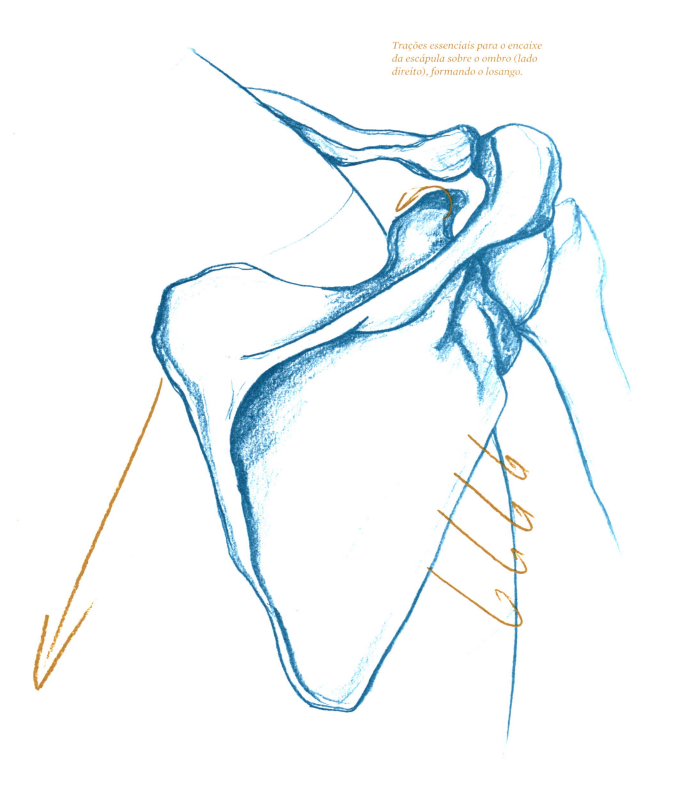

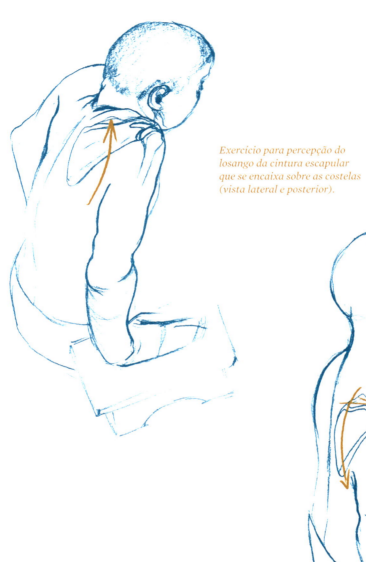
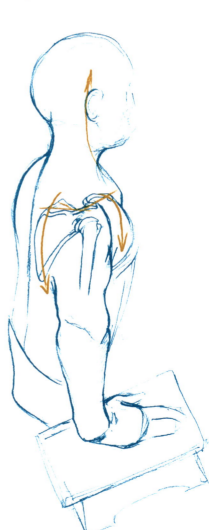

Exercício para percepção do losango da cintura escapular que se encaixa sobre as costelas (vista lateral e posterior).

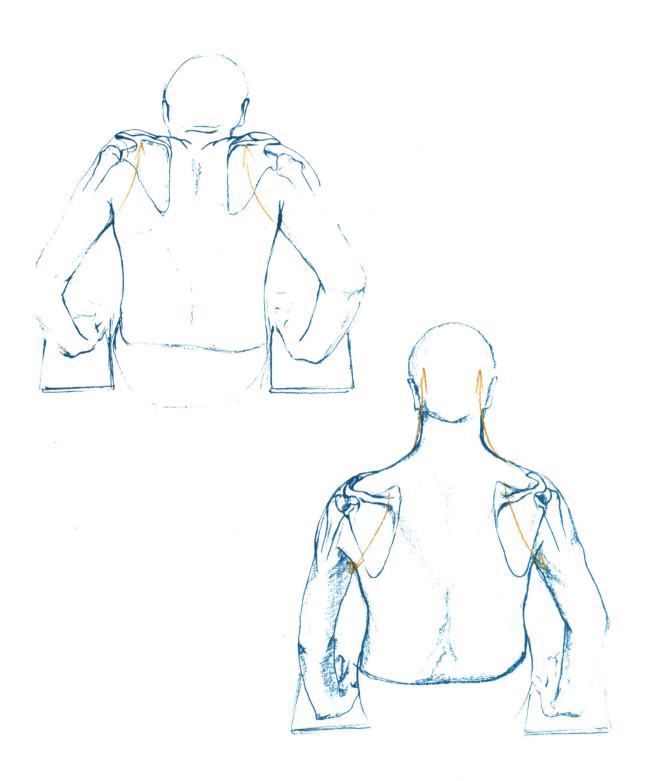

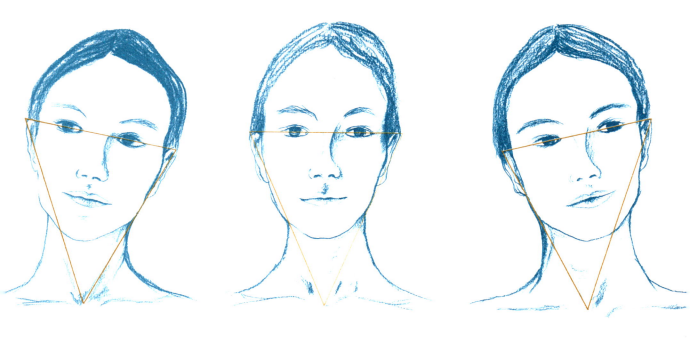

O olhar se equilibra sob a linha do horizonte.

O triângulo pescoço-cabeça

A posição da cabeça define a horizontalidade do olhar, e esta garante as funções de equilíbrio e preservação exercidas pela visão, pelo labirinto e pelos músculos do pescoço. O movimento da cabeça não pode ser exagerado nem caótico, a fim de preservar essas funções. Ele deve respeitar sempre a colocação da cabeça em relação ao eixo estabelecido pelo tronco.

A linha horizontal traçada na região dos olhos, passando pelas têmporas, e a linha horizontal que une os zigomáticos representam a importância tanto do olhar como do ouvido interno para a definição do posicionamento e equilíbrio do crânio. A linha média do corpo, representada pelo centro do manúbrio – parte superior do esterno – é o fiel dessa balança. Com base nessas referências, definimos um triângulo invertido, que evidencia a fragilidade e ao mesmo tempo a precisão desse equilíbrio.

A posição da articulação entre o crânio e a primeira vértebra cervical determina não só o eixo de movimento mas também o ponto de equilíbrio do crânio sobre o pescoço. Ele não deve pender nem para a frente nem para trás.

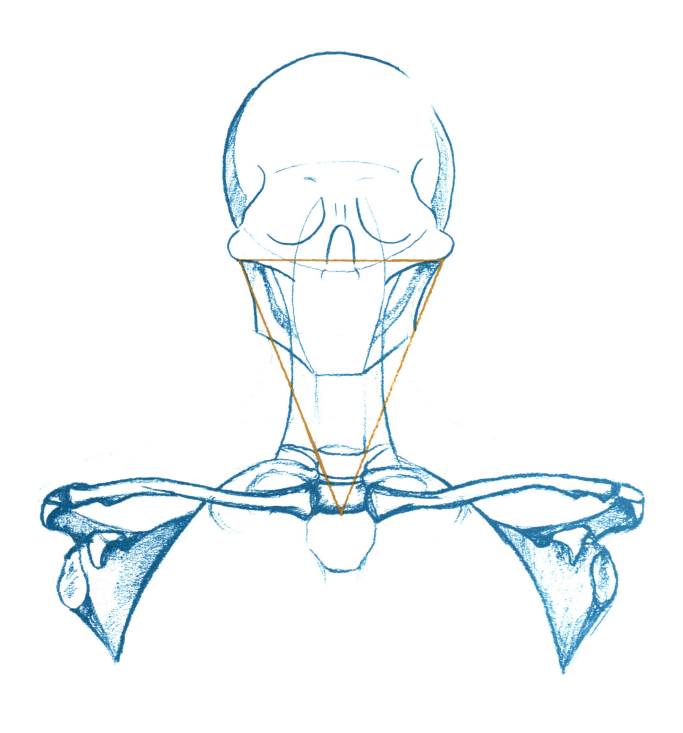

O crânio depende da estabilidade da cintura escapular.

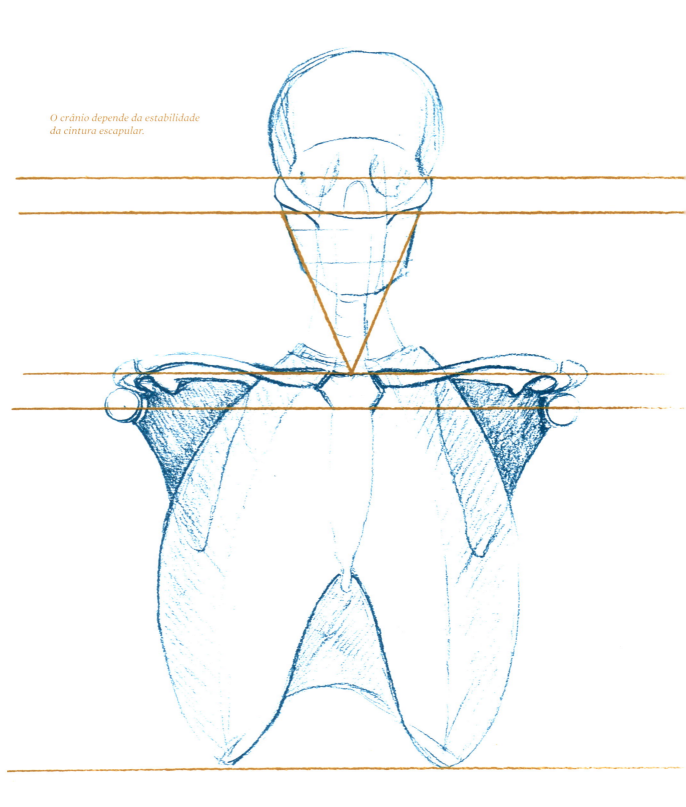

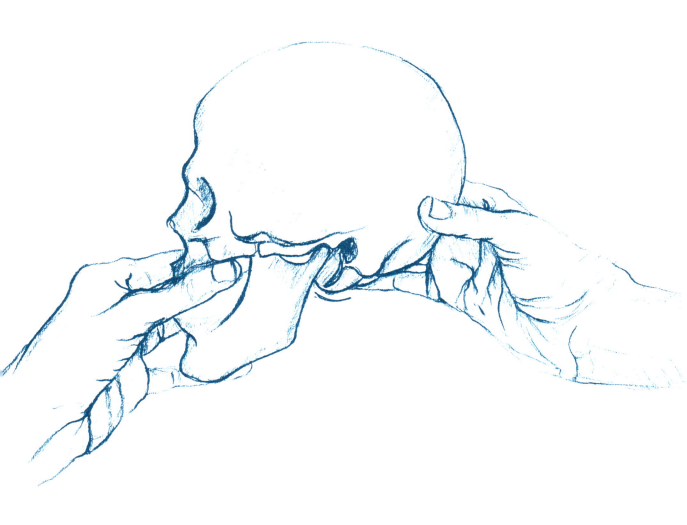

Estimule esse equilíbrio tracionando o crânio para cima. Com uma das mãos, tracione a arcada zigomática, e com a outra segure a base do osso occipital. Nessa região encontra-se o labirinto, que se beneficia demais com esse estímulo.

Olhando uma pessoa de perfil podemos entender como ela administra as massas de seu corpo em relação à gravidade: se a bacia está sobre os pés, se o tronco está sobre a bacia, se a cabeça está sobre o tronco. O empilhamento adequado dessas massas diminui o esforço muscular para a manutenção da postura em pé e favorece a eficiência dos pequenos ajustes de equilíbrio, dando mobilidade e adaptabilidade ao corpo e preservando suas articulações.

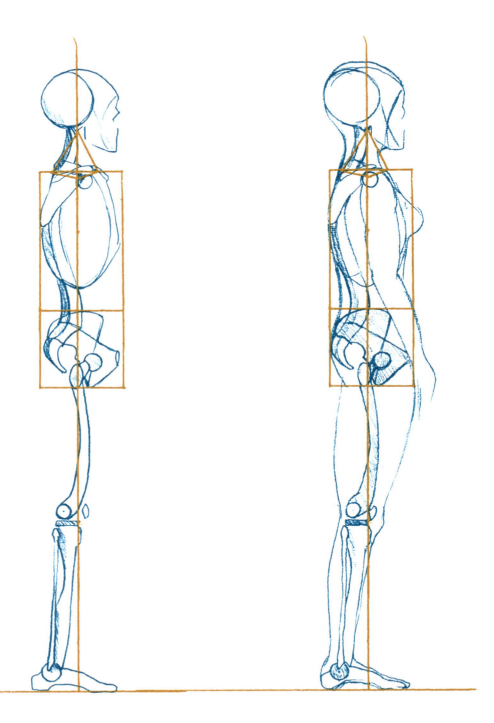

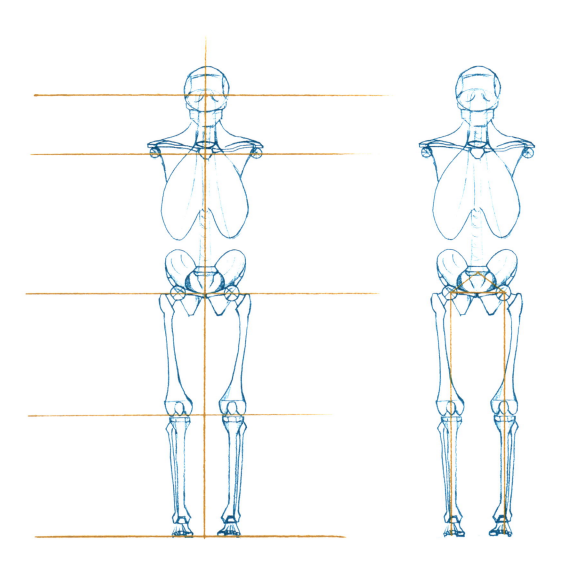

Quando olhamos um corpo de frente, podemos definir linhas horizontais que orientam sua colocação e deslocamento no espaço: a linha do solo, a linha que passa pelas duas articulações do quadril, a linha que passa pelas duas articulações dos ombros e a linha do olhar. Se essas linhas estão paralelas entre si, o corpo está organizado e com o peso distribuído simetricamente entre um lado e outro.

Podemos facilmente ajudar uma criança ou adolescente a se organizar ensinando-os a reconhecer em seu corpo esses pontos de referência. Coloque-se de frente a um espelho e visualize as linhas traçadas no desenho. Sua postura respeita a horizontalidade dessas linhas?

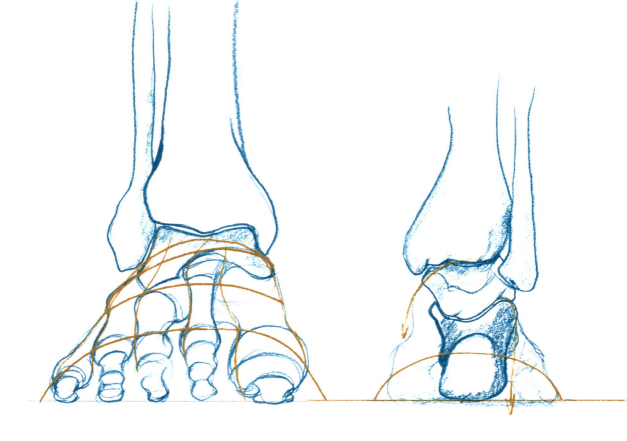

Postura: base para o deslocamento

Antes mesmo de realizarmos um passo, vários sistemas motores são recrutados para garantir a estabilidade necessária para esse movimento. A primeira função desses ajustes é garantir a manutenção da postura em pé, evitando a queda e preservando a estrutura corporal mais importante – o crânio. Vemos então que, se tudo vai bem, ao tirar um pé do chão, as linhas horizontais de referência são mantidas, embora com uma exigência postural muito maior. Claro! Imagine uma laje sustentada por duas colunas. Esta é seu tronco, o paralelogramo, sustentado pelos dois pilares paralelos entre si, que são as nossas pernas.

Quando um pé desenvolve o passo, essa laje fica sustentada por apenas uma coluna, com uma parte em balanço. Entram em função os músculos que estabilizam a perna de apoio, mas também os músculos da bacia e os músculos "suspensórios" do tronco. Ações musculares corretas geram o alinhamento adequado da perna no apoio. Essas forças devem se reforçar durante a marcha, quando o peso se desloca para uma perna só, enquanto a outra desenvolve o passo. Também a perna que dá o passo conserva sua forma, o alinhamento entre os ossos, o pé próximo à linha média.

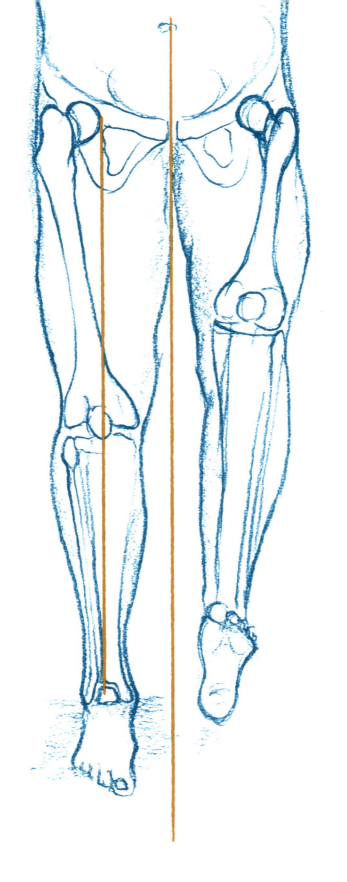

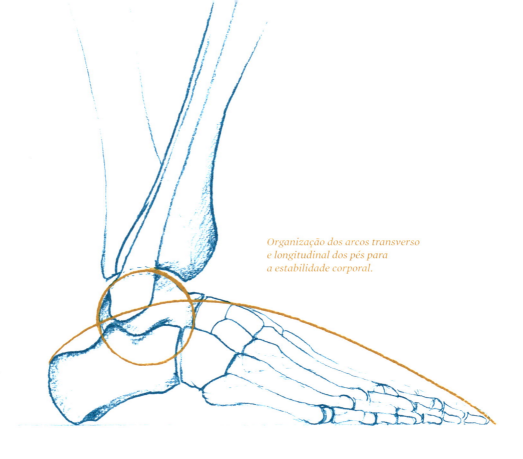

Organização dos arcos transverso e longitudinal dos pés para a estabilidade corporal.

    O alinhamento ósseo da perna é fundamental para que ela funcione verdadeiramente como uma coluna, dando suporte à bacia e ao tronco. Esse alinhamento depende de ações musculares precisas, encadeadas entre si desde os pés até a articulação do quadril. Vemos que esse alinhamento não se perde quando o pé sai do chão.

    Os pés cumprem as funções de apoio, impulsão e breque de forma muito contundente. Eles sofrem constantemente com a ação da gravidade, que tende a achatá-los ou deformar sua estrutura contra o chão. É necessário, para manter suas funções, ter sempre reprogramadas as ações musculares que garantem a manutenção dos seus arcos.

    Gostamos de pensar que podem ser modelados pelas mãos, de forma a construir sua forma arredondada, seu comprimento, sua largura.

    O apoio do pé no chão toma a forma de um triângulo, delimitado pelo apoio do calcanhar e das cabeças do primeiro e do quinto metatarsos. Observe que a linha que passa pelo hálux é menos oblíqua que a linha que passa pelo dedo mínimo. É ela que garante a força que mantém os pés próximos à linha média do corpo.

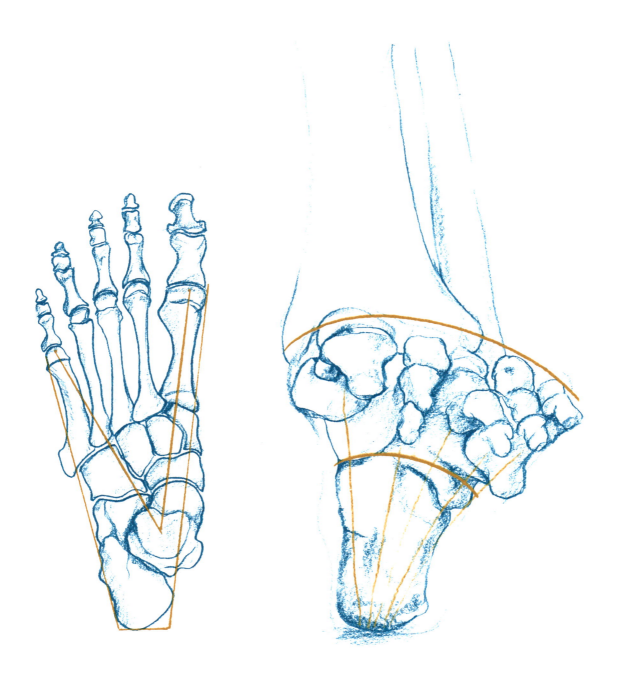

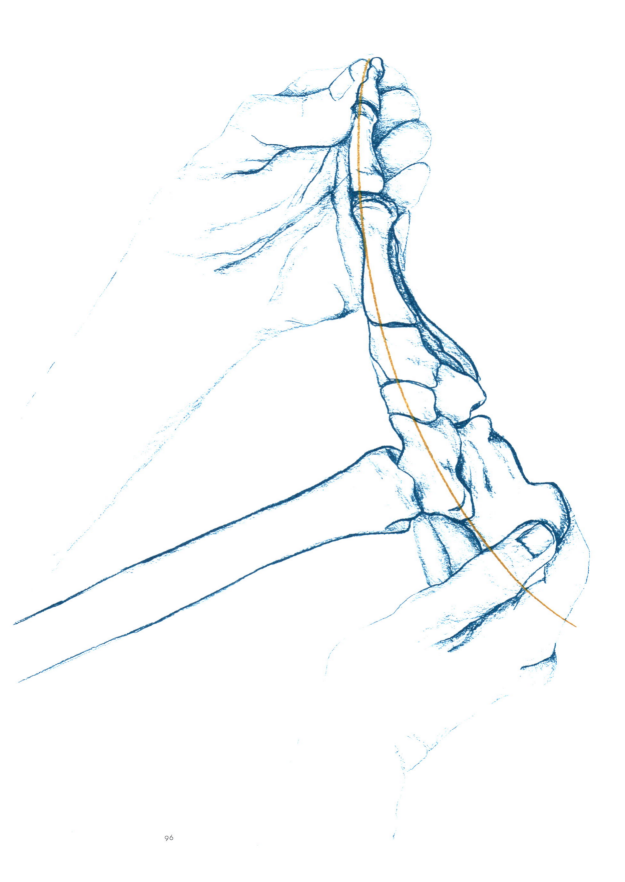

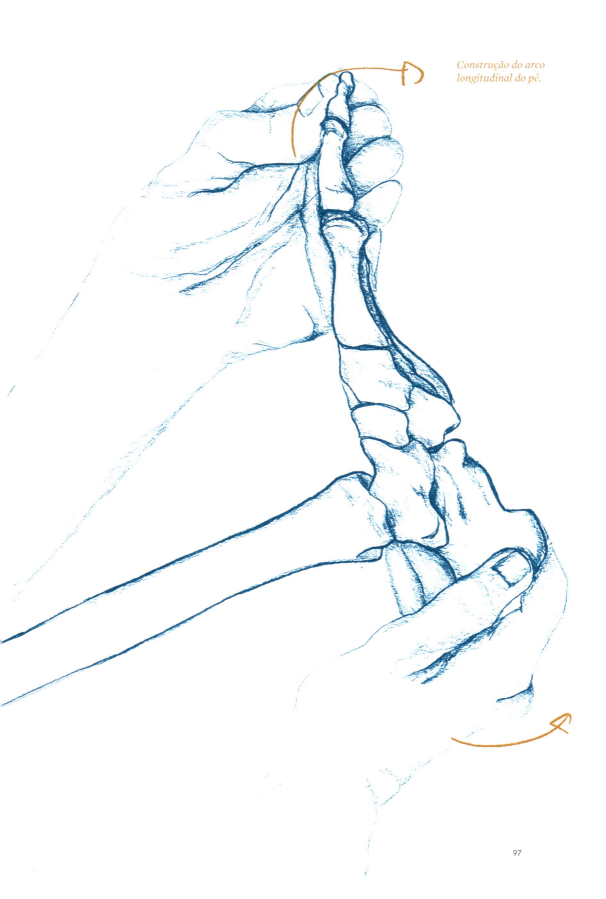

Construção do arco longitudinal do pé.

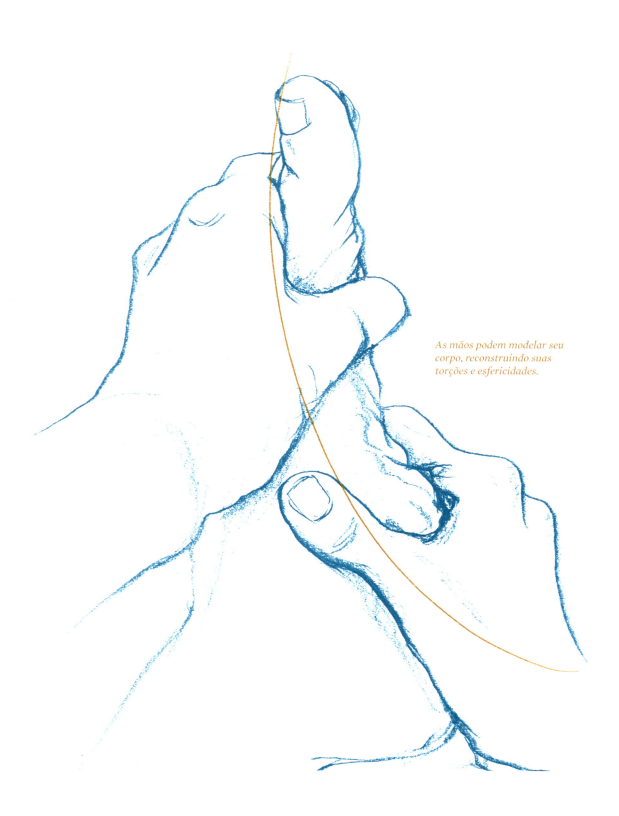

As mãos podem modelar seu corpo, reconstruindo suas torções e esfericidades.

Na construção do passo, vemos que o primeiro ponto que toca o solo é o calcanhar; deste, a força se distribui primeiro por fora, na direção do dedo mínimo, e logo para dentro, na direção do hálux.

Nenhum desses apoios deve se perder até o pé se apoiar totalmente no chão, e é a manutenção dos três pontos de apoio que gera uma força em torção e garante a sustentação dos arcos do pé.

Pouco a pouco essas práticas se inscrevem em nosso cérebro, por meio de imagens corporais sólidas e reais, trazendo a segurança psíquica de se estar presente no corpo. Para os jovens em seu turbulento período de transição da puberdade, essas experiências são capitais, pois diminuem sua dificuldade de se confrontar diante do espelho. Afinal, percebem dentro de si as sublimes proporções das formas geométricas. Esses são procedimentos básicos para o controle da postura, fornecendo o prazer de habitar seu próprio corpo. Igualmente, devemos na idade adulta revisar esses pontos de referência, para enfrentarmos com mais solidez os desgastes do nosso organismo.

PARTE II

encontro com a psicomotricidade

De 0 a 12-14 anos, o ser humano passa por diferentes períodos de conquistas motoras. Após o nascimento, nossa primeira forma de deslocamento acontece através da marcha réptil – rastejando como lagartixa, o indivíduo em desenvolvimento vai ao alcance de suas motivações. Depois, consegue ganhar a locomoção quadrúpede: através da suspensão dos membros, o tronco eleva-se do chão. Finalmente, como rezam os contos, o ser humano vira um pássaro, uma ave emplumada, atitude conquistada quando a caminhada atinge sua soberania, programando nossos corpos a deslizar sobre a superfície terrestre. Mas será a caminhada uma forma de voo? Sim, já que ela é um mecanismo que organiza o corpo para uma flutuação sobre a superfície do chão.

A partir dos 2 anos e meio, a criança domina a situação bípede, e o seu esquema corporal começa a definir suas marcas no cérebro. Preste atenção a uma criança brincando no parquinho, por exemplo: ela rola na areia, passa por baixo dos brinquedos, por cima das escadas... Sua plasticidade lhe permite modelar o corpo em diversas situações: arredonda-se, vira um tatuzinho, pendura-se em barras como um chimpanzé, caindo e levantando muitas vezes. Essas distintas imagens do seu desenho corporal, pouco a pouco, desenharão seu esquema corporal.

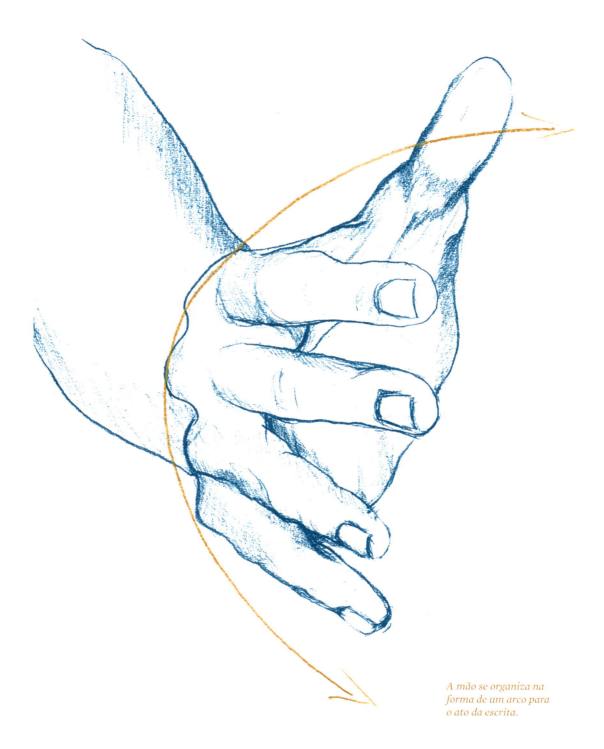

A mão se organiza na forma de um arco para o ato da escrita.

A partir daí, muitas conquistas despontam: sons serão transformados em sinais que, por sua vez, formarão palavras sonoras, depois sílabas e, por fim, frases e sentenças, permitindo que pensamentos e ideias criem forma no espaço. Nessa fase, a organização fonética é muito importante, porque a criança precisa falar o que pensa e o que sente. À medida que conquista a posição em pé e a locomoção sobre as duas pernas, seu olhar descobre a linha do horizonte, enquanto a sola dos pés vai se firmando na superfície horizontal do chão.

Entre os 5 e 6 anos, o esquema corporal da criança vai selecionar o lado mais hábil para certas atividades, estabelecendo as condições ideais para o aprendizado da escrita. Dessa etapa em diante, muitas informações e muitos aprimoramentos serão processados no cérebro, preparando a postura e o foco no olhar para que braços e mãos flutuem sobre a superfície da folha de papel, apoiada também sobre a superfície horizontal da mesa. Olhar, escutar, deslizar as mãos, fincar os pés são ações mensageiras que se dirigem ao sistema nervoso central, solicitando que a postura e a respiração se organizem e se estabeleçam para o êxito da escrita.

Acompanhar essas conquistas da criança com um olhar atencioso exige delicadeza, serenidade e uma instintiva percepção de que todos esses sinais se constituíram através de milênios. Nesse momento, pais, familiares, professores e cuidadores devem ficar atentos à organização visual, auditiva, da fala e da habilidade manual da criança. Todos os sentidos se desenvolvem juntos, desenhando as fontes da psicomotricidade: emoção, cognição e intelecto.

Os índices de hiperatividade e pouca concentração registrados entre crianças e jovens são, em parte, sinais da situação desconfortável em que estão seus corpos. Postura e movimento desorganizados desequilibram a mandíbula, a visão, a audição, a respiração, a coluna vertebral, ampliando o mal-estar. Se o corpo, no seu conjunto, apresenta assimetrias consideráveis, o jovem se sente "mal na sua pele" e, inconscientemente, se agita, clamando pelo bem-estar físico. Nesse aprisionamento, ele manifesta desinteresse, depressão e agressividade.

O CORPO E A EMOÇÃO

É recomendável que, quando comece a escrever, a criança já tenha absorvido algum conhecimento sobre a respiração. Não se espera, é claro, que ela tenha o domínio de um praticante de ioga, mas que já seja capaz de soprar, fazer pausas, mobilizar o diafragma de forma a expandi-lo, controlando-o durante a fala.

Sustentar o lápis com suave firmeza, movendo-o sobre a folha como um pincel, é uma prática a ser conquistada antes da puberdade, pois nessa fase os descontroles hormonais ampliarão o grau de descoordenação motora. Para um bom desenvolvimento psicomotor, é importante que, antes de iniciar a alfabetização propriamente dita, a criança seja estimulada, por seus familiares e educadores, a praticar atividades lúdicas como desenhar e escrever seu nome na areia com um graveto, articulando os traços que ela rabisca com as letras que compõem o seu nome. Ao elaborar o traço sobre a superfície horizontal do chão, ou modelar as letras com barro ou areia para perceber o volume das formas, a criança perceberá o conjunto do seu corpo, seus músculos e articulações. Progredindo, deve-se levá-la ao gesto da escrita no plano vertical, convidando-a a deslizar um pincel sobre uma folha de papel pregada à parede para o desenho de linhas sinuosas. Isso educará seu braço aos traços verticais, sua cabeça a endireitar-se e seu olhar a concentrar-se na folha, no traço. Na fase seguinte, já mais avançada, a criança se posicionará sentada para iniciar o domínio do lápis, do papel, da caneta e da borracha.

A partir do ganho da escrita, outras conquistas corporais serão fundamentais para florescer o universo simbólico na criança. Ela deve ser incentivada a vivenciar novas formas de expressão, como dançar, tocar instrumentos, competir no esporte, caminhar na natureza, preparar a massa de um pão e assá-lo... Múltiplos processos serão necessários para penetrar no raciocínio abstrato, por isso devemos exercitá-la a projetar, no seu imaginário, as possíveis reações no futuro de suas ações presentes. Nessa fase, sua massa muscular e seu esqueleto crescem sensivelmente, por isso é capital que suas ações motoras sejam mais complexas e mais elaboradas, buscando um melhor acabamento. Novas redes neuronais se iluminam quando se exercita o cognitivo com ações mais complexas, promovendo o pleno desenvolvimento da massa cinzenta; assim, quanto mais estímulos atingirem o campo sensorial e perceptivo da criança, mais êxitos ela obterá: aprendizados expressivos e performáticos atuarão nesse sentido, colaborando para a autoestima.

A autoestima é um estado que se fortalece quando o indivíduo observa os resultados positivos de suas ações e que, por outro lado, se enfraquece quando ele intui que suas ações estão aquém de suas capacidades. Por isso, cuidados devem ser programados no período de 8 a 11 anos de idade para aumentar a autoestima da criança e prepará-la para enfrentar as turbulências da adolescência. Nesse sentido, é a conquista psicomotora que, mais uma vez, fornecerá alicerces para que ela tenha mais certeza de si.

No início da puberdade, o jovem se destaca do núcleo familiar, à medida que estabelece envolvimentos mais intensos com seus companheiros. Marcas preponderantes para a consolidação de sua identidade serão desenhadas por suas relações e amizades. Por isso, é inevitável que nesse momento se ampliem os confrontos e embates com os pais. A prática psicomotora cria um intenso elo entre o gesto e a emoção, produzindo uma forte interação dos sentidos. Exercícios de psicomotricidade fina fortalecem no jovem a capacidade de se comunicar e manifestar suas necessidades, amenizando os motivos que levam aos conflitos. O movimento estimula e organiza os sentidos, o pensamento e o gesto: modelar, esculpir, pintar, cantar são atividades que diminuem o estresse na procura da identidade.

Em resumo, desde o nascimento, cada etapa do desenvolvimento psicomotor necessita do olhar atencioso do adulto, de um acompanhamento no qual diferentes estímulos sejam introduzidos como prática cotidiana. Essas ações podem e devem ser lúdicas, criativas, proporcionando condicionamentos para que o organismo sofra menos desgastes de adaptação em seu crescimento.

Se aguçarmos a percepção do bebê, da criança e do jovem, "cutucando" plenamente seus sentidos enquanto acompanhamos com atenção seus passos, desde a origem até a adolescência, certamente capacitaremos esse ser humano para um sólido amadurecimento. A condição humana nos impõe uma luta constante, um verdadeiro salto com barreiras; entendendo essa inexorável condição, nos preparamos para capacitar nossos rebentos para o eterno enfrentamento da vida.

Afinal, convenhamos: aquilo que não foi suficientemente estimulado e alimentado pode se tornar um grande prejuízo, induzindo o ser humano a correr no escuro ao longo de sua existência, ampliando seus sofrimentos, desgastando e enfraquecendo seu organismo e sua psique. Todos nós, ao programar estímulos e entretenimentos na vida de um ser em crescimento, reativamos nossos elos com a vida, rejuvenescendo. Todos – pais, mães, irmãos, tios, avós, condutores, educadores, parceiros – rejuvenescemos. Não podemos fazer corpo mole diante dessa tarefa!

Assim, nesta parte, despertaremos o olhar para o desenvolvimento da psicomotricidade humana, navegando pelas diferentes fases da vida, desde a gestação até a puberdade.

PSICOMOTRICIDADE E INTELIGÊNCIA

vida
intrauterina

Os primeiros movimentos do nosso corpo se iniciam na vida intrauterina, envolvidos nas paredes do ventre materno. Pouco a pouco se desenham no embrião as formas do corpo humano, onde alguns gestos fundamentais se manifestam, nutrindo a formação do sistema nervoso central. Mãe e feto constituem uma unidade.

A formação neurológica tem início nessa fase, portanto, proporcionar estímulos ao feto alimenta os mecanismos entre as redes cerebrais que começam a se formar. Cientistas e pesquisadores informam que é possível colaborar para o desenvolvimento da massa cerebral fetal com sons, movimentos, vibrações e jogos de luz e escuridão[10].

As células cerebrais são formadas por neurônios, que criam conexões entre si e uma rede de comunicação entre os vários sistemas sensoriais existentes, produzindo as sinapses. Ao promover estímulos pré-natais, contribuímos para a maturação desse sistema, acordando potencialidades cerebrais que entrarão em pleno curso após o nascimento e favorecendo assim a capacidade futura de aprendizagem, escuta, seleção e cálculo do bebê.

[10] Os mais conhecidos pesquisadores nesse terreno são Alfred Tomatis, com seu livro *A noite uterina*, São Paulo: Instituto Piaget, 1999; e S. Shahidulah e P. G. Hepper, com o artigo "Frequency Discrimination by the Fetus", disponível em <www.ncbi.nlm.nih.gov/pubmed/8026361>; acesso em 21 mar. 2018.

Exercícios para estímulos pré-natais

É importante cotidianamente reservar momentos para esses exercícios, um tempo dedicado para estabelecer vínculos afetivos com o bebê. É necessário que a mãe crie metas, discipline seus hábitos, pois entrar em contato com o campo sensorial é um grande momento para si, para seu amadurecimento materno. Ainda que o pai não esteja tão presente, quando ele estiver em contato, a mãe deve agregá-lo, formando uma tríade sustentável ao crescimento da criança.

A partir do quinto ou sexto mês de gestação, ele já está apto a perceber os sons: os batimentos cardíacos da mãe e a vibração da sua voz, as sonoridades vocais do pai e dos irmãozinhos etc. Essas vibrações sonoras são transmitidas a seus sentidos auditivos, táteis e articulares, atingindo os ossos, as articulações e a pele em formação.

No útero, o bebê realiza alguns movimentos: abre e fecha as mãos, franze o cenho, mobiliza os lábios, suga, desliza o corpo pelas paredes do útero. A mãe, através da pele de seu ventre, pode impulsioná-lo com diferentes estímulos, por exemplo, provocando leves pressões com as mãos no local onde se encontra a cabeça do bebê; ou, em apneia, movimentando o abdome para cima e para baixo, levando-o a pressionar os membros e o tronco contra a parede uterina. O feto reage sonoramente, soluça e se contorce, executando oposições entre a cintura pélvica e a escápula.

As práticas a seguir serão mais produtivas se realizadas à noite, pois todos estão mais calmos em relação às tarefas do dia, o ambiente é mais silencioso e o cérebro do bebê está mais propenso a captar estímulos.

- Falar com o bebê com suavidade, com voz nasalar.
- Convidar o pai e, se houver, os irmãos a se comunicarem com a "barriga".
- Claro-escuro: alternar a exposição da barriga entre luz e escuridão, cobrindo e descobrindo seu ventre ao sol com uma toalha escura, promove reações na mímica facial e manual do feto, adaptando-o ao choque da luz no nascimento. Isso deve ser feito todos os dias, por alguns minutos.
- Ouvir músicas percussivas e instrumentais, sem vozes cantadas; nessa fase o bebê deve perceber essencialmente a voz da mãe e do pai.
- Deitada de costas ou de lado, com os joelhos dobrados, ou sentada confortavelmente, a mãe deve massagear a barriga, executando fricções circulares com óleo específico e, em seguida, tracionando a pele a

GRAVIDEZ: DOIS EM UM CORPO SÓ

partir dos bordos laterais do tronco, em direção ao centro do abdome, e da base, na região púbica, para cima, em direção ao peito.
- Respirar em distintas posturas: ao inspirar, perceber o diafragma descer na inspiração, se aprofundando até a base dos rins, manter-se alguns segundos em apneia e expirar lentamente, pressionando a base do abdome contra a região lombar. Após executar diferentes exercícios respiratórios, terminar a sessão cantando para o bebê.
- Deitada de costas, a mãe coloca uma almofada embaixo da sua bacia, elevando-a aproximadamente 30 cm, e dobra as coxas em direção ao abdome, abrindo os joelhos; nesta posição, retomar os exercícios respiratórios. Em seguida, estende os joelhos, mostrando a sola dos pés para o teto: abra e junte as pernas, mantendo a base da coluna arredondada, sem forçar a lordose. O ideal é que execute essa postura três vezes por dia, por sete minutos, em vez de uma única vez por muito tempo; o bebê necessita se acomodar em diferentes posições, encontrando outras formas nas paredes do útero.

PREPARAÇÃO PARA O PARTO

BEM-ESTAR DE MÃE PARA FILHO

Esses momentos conduzem a mãe a se sintonizar com o processo da gestação, proporcionando atitudes sólidas e confortáveis ao seu próprio corpo. É importante lembrar que o corpo materno está passando por constantes transformações, todas desconhecidas; o corpinho da criança em crescimento dificulta o movimento do diafragma, pressionado seu epigástrio, por isso respirar é capital em vários aspectos. Sempre que possível, introduza música no ambiente e se exercite com gestos dançantes, ritmados; isso ativa harmoniosamente seus batimentos cardíacos. Ao terminar, retome o pulso normal executando exercícios respiratórios na posição sentada.

Banhos de piscina também são recomendáveis. Ao flutuar e se movimentar na água, o corpo materno muda seu centro de gravidade e equilíbrio, transmitindo diversas sensações importantes ao bebê em formação. Na água, a mãe consegue arredondar sua coluna vertebral, colocando-se em enorme sintonia e ressonância com o bebê. Muitos exercícios, estímulos, impulsos, cantos e afetos podem ser oferecidos ao longo da flutuação.

Durante essas práticas, o bebê é sintonizado aos sentidos da mãe e conduzido a sensações de equilíbrio e calma. Ao nos defrontarmos hoje com uma criança agressiva, hiperativa, desatenta, desconcentrada, com dificuldade de escuta, de foco visual, impaciente para se deter num trabalho manual, devemos ponderar: foram dedicados tempo e estímulos suficientes durante sua fase uterina e primeira infância?

os primeiros anos do bebê

Muitos neurocientistas informam que nos primeiros anos de vida o cérebro apresenta grande densidade, contendo um potencial duas vezes maior de sinapses, das quais eventualmente necessitará no futuro. Durante esse período ocorre uma grande parte das sinapses, que se manterão mais ou menos estáveis até 11-12 anos de vida, quando então, pouco a pouco, começam a decrescer.

O crescimento acelerado do cérebro e do cerebelo permite que a criança passe de uma dependência completa a uma relativa independência, conquistada pelas autonomias motora e cognitiva. Logo nos primeiros anos, ela domina a marcha sem muita velocidade, salta, dança sem perder o equilíbrio, podendo até mesmo distanciar uma bola à sua frente com os pés. Para favorecermos seu desenvolvimento psicomotor, é necessário envolvê-la num clima psicossocial e motor ideal, a fim de atender suas necessidades e características harmoniosas para o desenvolvimento da sua personalidade.

As funções cerebrais se baseiam fundamentalmente numa rápida e eficiente passagem de sinais de uma parte do cérebro para outra, por isso é importante que se estabeleça uma rede de conexão neuronal. Caso não sejam fornecidos e produzidos suficientes estímulos, o desenvolvimento neural é inibido, num processo denominado "poda cerebral", o que pode trazer futuros bloqueios ao aprendizado. Assim, proporcionar oportunidades de aprendizagem, interações sociais e atividades físicas é essencial para fomentar a formação dessa rede neural.

Vários recursos, utilizados adequadamente, podem reforçar e formar a intricada trama cerebral. Esse processo é em grande medida determinado pela quantidade e qualidade dos estímulos outorgados nas experiências da criança com o ambiente que a rodeia. O meio em que vive a criança se compõe de nutrição, estímulos sensoriais, saúde materna, intimidade entre mãe e filho, banho, sonoridades, luz adequada, situações de brincadeiras, sono, espaço, respiração, linguagem – esses são os elementos necessários para criar as condições de um crescimento saudável para a criança.

Iniciemos agora uma pequena viagem pelas etapas do desenvolvimento motor humano, entendendo os sinais que se manifestam através dos gestos, conhecendo os estímulos, as situações e as adaptações que podem ser feitas no ambiente para promover esse desenvolvimento.

O desabrochar dos gestos

O período de gestação dura em média 40 semanas. Após o nascimento, o bebê inicia uma intensa experiência com a vida. Seus primeiros contatos com luz, temperatura, sons, ação da gravidade, sucção, deglutição, manipulação, tudo isso faz parte da aurora dos seus sentidos e, assim, do início do seu desenvolvimento psicomotor.

Duas leis essenciais descritas por Arnold Gesell em sua obra[11] nos ajudam a compreender como sucedem as etapas desse desenvolvimento:

- *Lei do desenvolvimento cefalocaudal*: a mielinização das fibras nervosas, ou seja, o revestimento das células nervosas por essa membrana de plasma, se faz no sentido cefalocaudal, do cérebro à base da coluna vertebral. A progressão do controle muscular do recém-nascido acontece

O NASCIMENTO E OS SENTIDOS

[11] Arnold Gesell, *The First Five Years of Life*, Cutchogue: Buccaneer, 1993.

primeiramente nos músculos dos olhos, em seguida da nuca e todo o pescoço, costas e membros superiores, levando-o pouco a pouco a sentar. Em seguida, prossegue ao domínio dos membros inferiores, levando-o a ficar em pé e caminhar. Enfim, ocorre uma pontual maturação de cada segmento corporal, decorrente de impulsos enviados pelo cérebro.

- *Lei do desenvolvimento proximodistal*: a mielinização se faz dos segmentos centrais aos segmentos periféricos. O recém-nascido obterá progressos motores a partir dos grandes músculos até os menores. Seus gestos conquistarão mais precisão a partir das duas cinturas, pélvica e escapular, em direção às extremidades, ou seja, da bacia para os pés e dos ombros às mãos.

Cada etapa do desenvolvimento motor, em sua origem, anuncia-se por sinais bastante primitivos, através de impulsos do sistema nervoso central. Num primeiro olhar esses sinais parecem rudes, toscos, mas não são. Os gestos manifestados são impulsos provocados pelo cérebro, apelando incessantemente a uma ordem motora.

Os nascidos dentro de um período normal possuem uma pronunciada atitude dos membros em flexão, ou seja, braços e pernas dobrados, com as palmas das mãos e a sola dos pés voltadas para o centro do corpo, expressão que foi construída durante o período de gestação, na posição fetal. Essa excessiva tonicidade dos membros é necessária, pois favorece que os impulsos elétricos originados pelo cérebro atinjam as extremidades do corpo, permitindo que influxos de ordem superior cheguem prontamente às mãos e aos pés. Em contrapartida, no tronco há uma ausência de tonicidade, o que é compreensível, pois a coluna vertebral deverá formar suas curvas fisiológicas para futuramente suportar a ação compressora da gravidade e progredir em seu crescimento!

Vale notar que bebês portadores de uma certa patologia ao nascer apresentam braços e pernas distantes do corpo, membros abduzidos, distanciando-se do eixo vertebral, com excessiva extensibilidade nos joelhos e cotovelos, atitude que dificultará captar e enviar ao cérebro informações vindas do meio ambiente.

Reflexos de sobrevivência

Os bebês chegam ao mundo manifestando um conjunto de reflexos de sobrevivência que é importante conhecer e estimular para ajudá-los a abraçar o meio ambiente de modo espontâneo e seguro.

HORA DE VIRAR CAMBALHOTA

Reflexos iniciais

Vão se manifestar por um certo período e se modificar à medida que diferentes situações funcionais sejam vivenciadas e enfrentadas.

- *Reflexo de deglutição.* É um mecanismo que o recém-nascido já utilizava em sua vida intrauterina para deglutir o líquido amniótico. É um reflexo permanente e seus controles se especializarão com a prática. Após o nascimento, o recém-nascido deverá enfrentar a luta contra a gravidade; nessa etapa, a mãe deve sustentar ou posicionar bem o seu crânio durante a amamentação, estimulando o seu pescoço a crescer a cada deglutição. Essa ação igualmente colabora para o fortalecimento dos músculos que sustentam o peso da cabeça (perceba, ao engolir a saliva, que o fundo da língua pressiona o fundo do palato, provocando uma nítida descompressão do peso da cabeça sobre as duas primeiras vértebras).
- *Reflexo de respiração.* Assegura a alternância inspiração/expiração e proporciona a eliminação de CO_2. Os primeiros estímulos respiratórios propostos ao recém-nascido acontecem através do contato com o corpo da mãe. Nessa etapa, a relação corpo a corpo é fundamental: é quando ocorrem os primeiros aprendizados motores e instintivamente se desperta no bebê a percepção do sopro.
- *Reflexo de sucção.* Modifica-se gradualmente com a prática, durante os primeiros meses de vida, permitindo à criança se alimentar e transmitindo aos músculos da nuca o tônus necessário para que o crânio se verticalize.
- *Reflexo das pálpebras.* Assegura a proteção dos olhos quando a luz do ambiente é intensa, ou quando da aproximação de um objeto. Não poupe o bebê desse confronto: brinque delicadamente de aproximar seus dedos dos olhos dele, para acordar essa defesa.
- *Reflexo das pupilas* (contração). Assegura a adaptação e proteção dos olhos às diferentes modificações da luz ambiente.
- *Reflexos dos quatro pontos cardeais.* Referem-se à orientação da boca, em direção ao seio materno. Desaparecem gradualmente após seis meses de vida.

Reflexos primitivos ou arcaicos

São reflexos que manifestam um estado de maturidade muito específico dos sistemas centrais organizadores da motricidade.

Seu desaparecimento atesta concretude e autonomia na conquista da ação voluntária. Aqui citamos apenas três:

- *Reflexo de Babinski*. Consiste na extensão e retração dos artelhos em resposta a uma estimulação plantar. Desaparece entre 8 e 12 meses de vida. Sua manifestação e seu desaparecimento significam um desenvolvimento neurológico normal.
- *Reflexo de preensão (grasping)*. Atitude espontânea de enrolamento dos dedos quando o bebê recebe o contato de um objeto na palma da mão. Desaparece aproximadamente entre o terceiro e o quarto mês de vida, surgindo a partir daí o fechamento voluntário das mãos.
- *Reflexo automático de marcha*. Manifesta-se quando suspendemos o bebê quase em posição vertical e ligeiramente inclinado para a frente, segurando-o pelos lados do tronco e deixando seus pés tocarem levemente uma superfície plana. Surge, então, automaticamente, um movimento alternado das pernas, a marcha.

Primeiros estímulos

O recém-nascido, portanto, apresenta movimentos de pouca amplitude, sem continuidade, pois sua gestualidade acontece ainda de modo reflexo. Sessões diárias de estimulação, feitas de maneira sistemática e organizada, proporcionando suaves fricções, torções, trações e vibrações, atenderão à forte tonicidade e pouca extensibilidade dos seus membros – cuidados bem-vindos para que em seu organismo se construam elos entre ele e o mundo que o cerca.

Deslizamentos na pele do recém-nascido estimulam o controle muscular e os progressos motores, em conformidade com o desenvolvimento cefalocaudal e proximodistal:

- Partindo das sobrancelhas (zona dos olhos), deslize a mão sobre a testa do bebê em direção à nuca. Prossiga descendo até a bacia ao longo das costas.
- Das têmporas (zona da orelha), deslize a mão em direção à parte lateral do pescoço, atingindo ombros, braços e chegando finalmente às mãos. Progredindo pouco a pouco, deslize a mão do bumbum à sola dos pés.

Hora da mamada

O período de amamentação, todos sabemos, é decisivo para o bom desenvolvimento do ser humano. Silvana Salgado Nader, membro do Departamento de Aleitamento Materno da Sociedade Brasileira de Pediatria (SBP), afirma:

> As evidências científicas demonstram que há benefícios da amamentação não só do ponto de vista nutricional, mas também imunológico, metabólico, ortodôntico, fonoaudiológico, afetivo, econômico e social. Tudo isso é evidenciado de forma intensa quando a amamentação ocorre de forma exclusiva até os 6 meses de idade e complementada até pelo menos os 2 anos ou mais[12].

Essas são recomendações, inclusive, da Organização Mundial de Saúde, da Sociedade Brasileira de Pediatria e do Ministério da Saúde.

Cabe ressaltar a importância do aleitamento materno para o desenvolvimento psicomotor, não só pelo ganho nutricional e afetivo para o bebê, mas também porque o orifício por onde passa o leite é mais estreito que o do bico da mamadeira, o que exige uma considerável força labial para o gesto de sucção. É essa força que estimula os músculos da nuca para a sustentação da cabeça.

O gesto inicia-se pela pressão dos lábios do bebê contra o mamilo materno, o que deve ser estimulado pela mãe, ora com seu mamilo, ora com seus dedos contra os lábios do bebê, pressionando-os a se juntarem. Durante as mamadas, a cabeça do bebê deve ser amparada em sua base, no osso occipital, para que os músculos do pescoço encontrem um comprimento ideal para elevar a cabeça e, consequentemente, o alcance do olhar. Nessa etapa a mãe deve friccionar as bochechas do bebê, provocando os reflexos de orientação chamados pontos cardeais.

[12] Silvana Salgado Nader e Breno Fauth de Araújo, *Cuidado integral do recém-nascido: prevenção e conduta terapêutica,* Rio de Janeiro: Rubio, 2015.

- Concentre os deslizamentos nas palmas das mãos, nas solas dos pés e nas extremidades dos dedos. Deslize as mãos pelas palmas, solas e extremidades dos dedos. Essa delicada e cotidiana prática estimula os mecanismos para o bebê conquistar futuramente o endireitamento e ficar em pé.

Essas ações são um ponto de partida ao qual a mãe aos poucos agrega outros elementos, a partir do seu próprio corpo. Por exemplo, com o bebê adequadamente instalado em seu colo, de forma que ambos se encarem, a mãe pode acionar os seguintes estímulos, sempre com o olhar conectado ao olhar do bebê:

- Mímica facial.
- Respiração corpo a corpo, com sonoridades vocais bem suaves e ritmadas: bruuuu – blalalala – shiiiii.
- Adaptar as mãos às diferentes formas do corpo do bebê.
- Agitar as pernas para induzir vibrações ao corpo do bebê.
- Falar com o bebê como se entendesse seus balbucios.
- Exagerar na entonação e vocalização para chamar a atenção do bebê; pendure instrumentos sonoros com movimento, tamanhos e texturas diferentes ao alcance do seu olhar.
- Gravar e reproduzir sons de animais, meio ambiente, chuva, vento; tocar instrumentos que vibram, pendurando-os defronte do campo visual do bebê e ao alcance das suas mãos; fazer percussão corporal associada a fonemas cantantes e outros barulhos com o próprio corpo.
- Massagens e fricções no abdome nos três primeiros meses aliviam a concentração de gases: com o bebê deitado sobre suas coxas, esfregue-lhe a barriguinha por alguns minutos. Em seguida, suspenda suas coxas de modo a estender a região lombar dele, mantendo-se alguns segundos nessa posição. Repita esse movimento algumas vezes, para mobilizar a respiração do bebê e os gases que tanto o incomodam.
- Progredindo a partir dessa posição de base, após algumas semanas, eleve as perninhas do bebê, abrindo-as e fechando-as simultaneamente, em seguida cruzando-as, dobrando-as e esticando-as alternadamente. Faça o mesmo com os braços e, por fim, com um dos braços e a perna do lado oposto, de maneira cruzada, iniciando assim suas

primeiras aulas de dança. Esses movimentos devem ser acompanhados de mímicas faciais, canto e *swings* corporais do corpo da mãe.
- Evoluindo, a dança deverá se propagar para todo o tronco do bebê: com uma das mãos espalmada sobre a barriguinha, a mãe cruza seu antebraço, como um cavalete de suporte entre as duas coxas do bebê, e o posiciona de lado, envolvendo a outra mão e o braço e sustentando seu ombro e cabeça. Nessa posição, a mãe inclina, estende e gira seu próprio tronco, vibrando suas coxas, de preferência sentada em uma cadeira giratória.

Todos esses procedimentos acontecem através de informações suaves e ritmadas, finalizando com o bebê em posição vertical, com a parte da frente do seu corpo apoiada no abdome e no peito da mãe. Mantê-lo nessa posição por alguns instantes, respirando lenta e prolongadamente, transmitirá aos sentidos do bebê a sensação de bem-estar.

É importante lembrar que a gravidade ainda assusta o recém-nascido, cujo corpo era sustentado pelo ambiente aquático no qual se formou. Agora, no aparente vazio da atmosfera, suas articulações, tônus muscular, ouvido interno, respiração, trato digestivo, visão, percepção tátil e fonação deverão colaborar para o seu crescimento.

Nunca realize estímulos caso o bebê esteja enfermo, com fome ou recém-acordado, e principalmente se a mãe estiver nervosa, com batimentos cardíacos acelerados. Não force o bebê a nada; pouco a pouco ele se habituará a esses momentos.

Condutas da preensão

Elas se enquadram nas leis do desenvolvimento proximal/distal, progredindo do sistema nervoso central em direção às mãos e aos pés. Desenvolvem-se a partir das contrações reflexas de preensão, em duas etapas:

OLHOS EM MOVIMENTO

- localização visual do alvo – desenvolvimento específico da organização visual-óculo-motora;
- coordenação visomanual, referente aos movimentos conduzidos pelo braço em direção ao alvo.

Esse gesto surge a partir do quarto mês, por isso é importante estimulá-lo, trazendo objetos e desenhos para perto do alcance visual e manual do bebê. Friccione, escove a palma de suas mãos e as

Shantala

Recordo-me da estranheza e do encantamento com que foram recebidas as sinalizações de Frédérick Leboyer, médico obstetra famoso pelo parto Leboyer, anunciado em seu livro *Nascer Sorrindo*[13], ao publicar *Shantala*[14], obra em que ele descreve, com seu sábio olhar, a massagem que uma jovem mãe, sentada no chão de uma estação de trem na Índia, aplicava ternamente a seu bebê, apoiado no seu colo. O corpo da mãe, organizado como um recipiente, transmite-lhe segurança e bem-estar por meio de toques enérgicos. O que toca nesse relato é perceber que o corpo materno traz consigo a longa trajetória das certezas transmitidas por seus ancestrais.

Ao traduzir os procedimentos contidos nas práticas da mãe indiana, Leboyer colaborou para quebrar a fronteira entre a cultura ocidental e oriental, embora a Shantala seja praticada ainda em pequena escala em nosso país, em comparação aos benefícios que ela pode trazer no âmbito da assistência social aos recém-nascidos.

Do mesmo modo, o casal, Karel e Berta Bobath, médico e fisioterapeuta alemães, em 1951, trouxe ao mundo terapêutico, através do Método Bobath, um conceito evolutivo sobre os estímulos e a reeducação do bebê com problemas neurológicos, oferecendo mais clareza sobre os processos hierárquicos do sistema nervoso central e seu desenvolvimento. São conhecimentos preciosos que deveriam ser introduzidos de um modo mais abrangente a todos os educadores físicos, em vez de ficar restritos aos especialistas em tratar crianças em situações motoras graves.

CONTRA CÓLICAS E GASES

[13] Frédérick Leboyer, *Nascer sorrindo*, São Paulo: Brasiliense, 1996.

[14] Frédérick Leboyer, *Shantala: massagem para bebês*, São Paulo: Ground, 2009.

extremidades dos dedos, principalmente polegar e indicador, dedos que formarão a pinça.

No início, o bebê utiliza somente uma das mãos. No sexto mês, consegue manter um objeto na mão enquanto pega outro objeto com a outra. No oitavo mês, consegue passar o objeto de uma mão a outra. No décimo mês, leva o objeto à boca, porém, ainda tem dificuldade em girá-lo ao chegar à boca. Com atenção e afeto, "cutuque" a criança em cada etapa, estimulando esses componentes. Ela necessita viver situações que ampliem suas habilidades.

Hora do banho

O BANHO E O VESTIR

Digamos que a hora do banho é o momento mais fértil para acender os sentidos do recém-nascido, aflorando a existência de um corpo. No ato de desvesti-lo, devemos tomar cuidado para que ele não perca as referências dos encaixes articulares, mantendo o padrão de unidade construído na sua formação uterina. Ao conduzi-lo ao recipiente com água na mesma temperatura do corpo, a mãe deve manter os membros do bebê agrupados ao corpo, mantendo a forma arredondada do tronco. É fundamental que a mãe sustente a cabeça dele, fitando-o nos olhos. A percepção do contorno do corpo do bebê, proporcionada a ele pela água escorrendo por sua pele, e, após o banho, friccionando-a ao enxugá-lo e vesti-lo, representa um dos momentos mais importantes para o estímulo psicomotor, trazendo imediatamente a sensação de bem-estar e elo afetivo. Ao vesti-lo, passar com lentidão as mangas da camiseta pelas mãos e punhos, a calça pelos pés e pernas, a gola pelo crânio e pela face. Tudo deve ser feito lentamente, envolvendo, definindo as formas do corpo.

Não esqueça que o bebê, nos primeiros meses de vida, tem dificuldade de conservar o calor do seu corpo, e assim devemos cuidar da temperatura da água e do ambiente. Por isso a mamãe o mantém em contato constante com o calor de seu ventre antes de levá-lo ao banho. Hoje se torna hábito o casal tomar banho com o bebê, mantendo-o em contato com o corpo, criando cumplicidade e prazer entre os três.

A escolha do horário do banho depende do propósito: à noitinha, favorece o sono, ampliando o tempo de repouso; pela manhã aproveita-se seu estado desperto e a luz do dia para introduzir brincadeiras e diversão.

Na hora do banho, cada segundo de sua atenção deve ser inteiramente dirigida ao bebê, não se distraia. Nunca o deixe sozinho, nem por um segundo. Para tanto, prepare todos os utensílios e materiais antes de começar. O bebê pode se afogar com uma quantidade pequena de água. O medo de estar solto num oceano turbulento causa impressões de instabilidade e pânico em seus comportamentos.

Relembrando que agora o bebê não possui mais a contenção e proteção das paredes do útero, hoje se restitui o hábito de envolver o bebê com um tecido de algodão, ação que promove o encaixe das articulações ósseas e a sensação de continência, volume. A mamãe, ao escorrer a água morna sobre o tecido que o envolve, oferece-lhe a sensação de contorno e um profundo bem-estar.

Para mais informações, veja o livro *O bebê e a coordenação motora*, de Béziers, que contém orientações preciosas[15]. Aproveite também para se enternecer com alguns vídeos no YouTube, observando sábias maneiras de banhar, secar e vestir o bebê. As propriedades das ações do banho bem elaborado se inscreverão eternamente na memória do bebê e dos pais.

Conquistando a atitude sentada

A conquista dessa posição requer o aumento da tonicidade dos músculos costais, que se dá a partir do pescoço e dos ombros, levando aos poucos à diminuição da atitude fisiológica em cifose do tronco. Fricções nas costas e deslizamentos executados nos bracinhos e pernas dos bebês (como os que se encontram na prática da Shantala) são muito úteis para estimular a tonificação e proporcionar mais extensibilidade aos músculos.

Por volta dos 6 meses, as costas atingem uma posição reta, contudo, o tronco ainda se inclina para frente, e, para não tombar, o bebê estende os braços à frente. Nessa luta ele abre as pernas, esticando-as para manter-se sentado. Brinque, colabore, sustente-o com as duas mãos nas laterais do tronco, com leves balanços, trações e deslocamentos.

Entre os 7 e 8 meses ele conquistará definitivamente a posição sentada e estará pronto para iniciar-se na busca da verticalidade. Nesse momento, outros estímulos podem ser introduzidos para preparar o bebê para essa nova etapa:

- Sustentar o bebê, apoiado em seu colo, ou sentado sobre o tampo de uma mesa; com uma das mãos, segurar a base do osso occipital (nuca) e conduzir o olhar dele em diversas direções, enquanto o outro braço contorna e sustenta seu tronco.

CABEÇA SOB CONTROLE

[15] Marie-Madeleine Béziers, *O bebê e a coordenação motora*, São Paulo: Summus, 1994.

- Progredir pouco a pouco nos mesmos procedimentos: conduzir o seu tronco, endireitando-o e arredondando-o, mobilizando torções entre a cintura escapular e pélvica, suspendendo-o no ar.
- Sentá-lo com apoio e ajuda e, em seguida, sem apoio.
- Estímulo dos membros: segurando sua mão, estender seu bracinho, ensinando-o a ir ao alcance de algo, e trazer de volta sua mãozinha, como se conduzisse o alimento à boca ou um objeto ao campo do seu olhar. Esse estimulo de buscar e trazer deve ser realizado em diferentes posições.
- Endireitá-lo, suspendendo seu tronco, estimulando-o a atingir a posição em pé.
- Equilibrá-lo na posição em pé com apoio das suas mãozinhas sobre um banco e, pouco a pouco, sem o apoio das mãos.
- Induzi-lo a caminhar, tomando o cuidado de sustentá-lo pelo tronco, não pelos braços, para que aprenda a se sustentar com os próprios braços.
- Olhar no espelho com o bebê e fazer exercícios faciais e sonoros, de preferência ambos em posição quadrúpede, de frente a um espelho apoiado no chão.

Posicionamento do corpo em pé – marcha e deslocamento

COMO UMA LAGARTIXA

EM QUATRO PATAS

O primeiro modo de locomoção do bebê se dá através da marcha réptil, que, enviando fortes mensagens ao vestíbulo auditivo, prepara seu corpo para a organização do equilíbrio em pé, na suspensão e sustentação da cabeça. Ao se arrastar, a ação dos seus membros mobiliza a força existente nos músculos da boca e do pescoço na direção do abdome, da bacia e das pernas. Rastejar estimula os membros a funcionar como uma unidade de coordenação, transmitindo ao cérebro imagens do corpo em movimento.

A organização bípede amadurece através do desenvolvimento cefalocaudal: impulsos elétricos são progressivamente enviados pelo cérebro para as extremidades corporais, que, por sua vez, lutam para a conquista de autonomia.

O desencadeamento dos músculos do tronco se inicia mais ou menos entre o segundo e o terceiro mês. Já no quarto e no quinto mês, a criança desenvolve a capacidade de sustentar a cabeça e os ombros sobre o tronco, por isso é recomendável continuar com os estímulos de fricções na pele: partindo das sobrancelhas, deslize a mão pela testa do bebê até a raiz do cabelo, seguindo pelo topo do crânio até a nuca, enquanto sustenta com a outra mão a base da cabeça, na região occipital.

A partir dos 8 meses, logo que consegue se manter na posição vertical, a criança inicia a alternância das pernas entre flexão e extensão, um infinito jogo entre dobrá-las e esticá-las, desencadeando o balanço pendular que traduz a marcha humana, gesto que lhe permite se dirigir ao alcance de suas motivações.

O CONTROLE DO CORPO EM PÉ

Aos 9 meses a criança já fica em pé, sustentando-se por suas duas mãos, contudo, seu tronco ainda tende a se inclinar para frente. Brinque constantemente com seus pés, massageando-os, levando-os ao alcance de suas mãos e rosto; em seguida, estique suas pernas, estendendo as virilhas, e friccione-as.

Entre os 10 e 12 meses, ela passa da posição sentada à vertical, mantendo-se em pé sem que a ajudem, porém apoiando-se ainda nos móveis; quando se desprende do apoio, seus braços abrem, distanciando-se do corpo. Nessa etapa, para que consiga dar alguns passos, sustente-a pelo tronco, próximo às axilas, ou pelas mãos, ajudando-a a caminhar.

PRIMEIROS PASSOS

Por volta dos 12 meses, o bebê já caminha sozinho, embora caia com frequência. Essa fase requer atenção, pois leva algumas semanas até que ele consiga se deslocar por muitos metros sem tropeços. Aos 18 meses, será capaz de subir escadas de mãos dadas; um pouco mais tarde, conseguirá descê-las. Estimule-o, "perca tempo" nessas ações.

Sua motricidade se aperfeiçoará até os 3 anos, proporcionando cada vez mais habilidade nos seus deslocamentos. Cairá menos e aprenderá a correr, a pedalar uma bicicleta e saltar sobre um pé só.

CAMINHAR COM AUTONOMIA

Ganhando novos espaços e experiências

À medida que começa a deslocar-se em percursos mais longos, pela conquista da verticalidade e do caminhar, a criança amplia seu interesse por tudo o que a rodeia e sua visão se abre para o espaço.

É importante oferecer-lhe então novas experiências, estímulos que favoreçam sua socialização, seu contato com o meio ambiente, seu crescimento, de maneira concomitante com o desenvolvimento do seu cérebro. Amplie seu leque de sensações, ativando sua memória.

Se morar perto da praia, não receie em fazê-la experimentar o contraste entre o calor da areia e a temperatura da água do mar. Aproveite o baldinho com a pá para iniciar o processo das pesquisas manuais; estimule-a a esculpir, para aguçar suas percepções de volume e espessura. A família toda deve se envolver e brincar junto – por exemplo, cantarolando o nome do objeto enquanto o manuseia: areia, pá, balde, água, lama, barro... Cantarolar é capital: não se constranja com olhares; a relação psicomotora é sempre muito expressiva e comunicativa, o importante é que todos se apropriem das ferramentas que favorecem o desenvolvimento sensorial e motor! Tudo isso age prontamente no desenvolvimento cerebral da criança.

OS SENTIDOS E A MEMÓRIA

Em casa, modele figuras com argila, papel *kraft* ou fios modeláveis, dando-lhes nomes ou associando sons a eles. Em outra ocasião, utilize pequenos montinhos de arroz e feijão crus para construir situações táteis (guarde esses materiais para outro dia). Essas experiências estimulam tanto a mãe quanto a criança: não se esqueça de que o adulto fatalmente engessa suas habilidades expressivas, e a convivência com o bebê é uma excelente oportunidade de reacendê-las.

Natação

A natação revela-se como um dos estímulos mais sofisticados para o desenvolvimento do bebê. Nadar faz aflorar a coordenação do bebê e o ajuda a enfrentar as intensas etapas que virão: rastejar/gatinhar/caminhar. Por isso é iminente ensinar seu corpinho a lutar contra a força da gravidade. Em muitos países, e de maneira menos frequente no Brasil, a prática da natação é iniciada logo nas primeiras semanas de vida.

EMBAIXO D'ÁGUA

Nessa fase tudo é urgente: o organismo está extremamente receptivo para absorver informações. O bebê está na corrida contra o tempo, precisa ganhar mobilidade antes de adquirir demasiado peso. Ademais, o cérebro literalmente cresce quando usado, por isso estímulos sensoriais são fundamentais.

Um bebê entra em nossas vidas para enriquecermos e modificarmos nossos hábitos. O envolvimento necessário, corpo a corpo, para ajudar o seu desenvolvimento motor rejuvenesce o adulto: mamãe, papai e bebê juntos na natação é uma oportunidade de construir elos afetivos e duradouros na relação do casal.

Ganhar mobilidade dentro d'água favorece a qualidade respiratória do bebê: suas células receberão mais oxigênio e a respiração conquistará mais profundidade. Isso contribui para acelerar suas emissões sonoras, as quais, mais prolongadas e potentes, enriquecem sua capacidade de relacionamento e linguagem.

Se possível, busque uma piscina perto de sua casa e escolha o horário de menor movimento; caso não tenha essa possibilidade, providencie uma piscina plástica inflável ou desmontável, ou até mesmo uma caixa-d'água onde mãe e filho possam se instalar. Essas vivências certamente oferecerão resultados positivos e permanentes.

Desenvolvimento da linguagem

A linguagem é um aprendizado que começa com a escuta, ou seja, compreender as palavras é a base para aprender a falar. Assim, nos dois primeiros anos de vida, é importante invadir a criança com fonemas, associados à mímica corporal e acompanhados de estímulos em seus lábios, língua, face, glote, orelhas, nariz, percussão nas costelas sempre que necessário – tudo no intuito de ampliar suas capacidades de comunicação e troca.

O processo para a elaboração da linguagem amadurece até os 6 anos de idade. Especialistas insistem que o período entre os três e seis meses de vida é propício para fortalecer os elos cerebrais ocupados com a linguagem, por isso, mãos à obra, e aproveite as dicas a seguir:

CADA GESTO É UMA FORMA DE LINGUAGEM

- Não utilize diminutivos; isso confundirá a criança futuramente. Diga apenas "carro grande", "carro pequeno".
- Durante atividades do dia a dia, como banho, troca de roupa, alimentação, fale normalmente; amplie os fonemas na hora de brincar. Onomatopeias devem ser acompanhadas do objeto correspondente: o gato faz miau, o trem faz "chuchuchu".
- Chame tudo pelo nome correto, principalmente as partes do corpo.
- O bebê sinaliza com o olhar e o corpo quando quer algo, pois não sabe ainda fazer uso da palavra. Aproveite essas situações: não lhe entregue o objeto antes de ele denominá-lo, caso contrário não perceberá a importância da linguagem para obter algo.
- Ao sair para passear ou fazer compras, fale com ele, explique, sinalize. Ao encontrar um conhecido, manifeste-se para que ele perceba você se comunicando.
- A entonação da voz e a expressão escolhida em um momento de contrariedade ou prazer deve ser claramente comunicada, pois em

breve a criança iniciará processos de imitação e deverá fazê-lo através de expressões sinceras!

A linguagem possui duas vias de acesso: visual e auditiva. Através da visual, captamos a informação que nos atinge, as expressões faciais e corporais; já a auditiva é basicamente manifestada pela fala, pela oralidade. Essas duas vias devem ser estimuladas.

Muitos adultos têm preguiça de falar associando expressão às palavras. Cuidado para não acomodar o bebê, desperdiçando um processo precioso para o seu desenvolvimento. A princípio, as palavras não trazem nenhum significado, por isso devem ser introduzidas por gestos. No terceiro mês, começam os gorjeios e as gargalhadas, uma maneira de se preparar para a fala. Esse potencial será ampliado a partir da escuta e desenvolve-se até o sexto mês. Por isso, acrescente gestualidade ao se comunicar com o bebê. E lembre-se: ao chorar, ele também desenvolve seu sistema fonador; atente para a qualidade do choro, analisando se é gerado por necessidade de expressão ou por dor.

No oitavo mês, a criança entenderá seu nome e o significado da palavra "não". Aos 12 meses, já conhecerá algumas palavras, como "papai", "mamãe" etc. Nessa fase, ensine-lhe canções curtas, a assoprar velas, fazer bolas de sabão. Mostre-lhe cartelas com formas e desenhos, dizendo os nomes e as cores correspondentes. Apesar de pronunciar de maneira pouco clara, suas emissões são compreensíveis: tente entendê-las e as repita.

Nessa fase a criança exercita sua boca (praxias), então, provoque-a:

- Emita um som mais alto, abra a boca e em seguida silencie: isso a ensinará a emitir a vogal A.
- Coloque suavemente um mordedor na sua boca e ajude-a com a outra mão a pressionar os lábios contra o mordedor; em seguida, retire-o, soltando seus lábios. Isso a ensinará a falar a letra M.
- Introduza com cuidado uma chupeta em seus lábios e então a retire para a emissão da letra P.
- Posicione-se à frente da criança e abra e feche os lábios rapidamente. Pouco a pouco, aumente a velocidade para a produção da letra B; em seguida, estimule-a da mesma forma com os dedos nos lábios dela, sonorizando o B.
- Gorjeios: ggggggggg.

O AVANÇO DA LINGUAGEM

- Balbucios: babababa, tatatata, papapapa, mamamama.
- Não se esqueça: é capital iniciar essas práticas e gestos com o bebê, pois, sem ter observado, experimentado e expressado, os bons resultados ficam comprometidos.

brincadeira é coisa séria

A partir do segundo ano de vida a criança inicia o processo de diferenciação de algumas partes do seu corpo. A elaboração da linguagem a fortalecerá na construção das imagens que possui do seu corpo, possibilitando que ela denomine as distintas partes que o compõem. No terceiro ano, será capaz de identificar olhos, boca, orelhas, braços, pés e pernas.

Nessa etapa a criança precisa ampliar a imagem do seu corpo e dos elementos que o integram, e seus movimentos devem se aperfeiçoar, proporcionando-lhe domínio do espaço, manipulação, elaboração verbal e uma certa conquista de representações simbólicas através de gestos e mímica. Brincar e jogar são atividades que a ensinam a utilizar o

BRINCAR É APRENDER

corpo de forma coordenada, ajustando-o em diferentes ações para atender vários interesses e necessidades.

A idade da graça

Aos 3 anos a criança não apresenta o controle e a habilidade motora de um adulto, mas já possui tonicidade muscular, pequenos automatismos, locomoção, preensão, capacidade e atitude para criar e imitar movimentos.

É importante abrir-lhe um leque de associações entre preensão e locomoção (na internet encontram-se muitos jogos psicomotores que recrutam essas duas habilidades) e estimular as sensações e percepções cinestésicas, fundamentais para o seu desenvolvimento. Ainda é recente sua conquista da posição vertical e do equilíbrio para caminhar; suas juntas ainda não estão totalmente formadas, por isso, proporcionar situações criando diferentes posicionamentos corporais contribui para que a sua recente verticalidade não se enrijeça prematuramente, mantendo uma mobilidade que se adapte ao crescimento ósseo. Propor-lhe construir com seu corpinho formas variadas, desde um tatu-bola até uma girafa, um hipopótamo e uma cegonha, ou convidá-la a travessias que exijam adaptações nas articulações, como pendurar-se, agachar, rolar no chão, passar por baixo de móveis, esconder-se metamorfoseando seu desenho corporal, são formas de registrar em seu cérebro um universo sem fim de impressões que enriquecerão seu desenvolvimento psicomotor.

A relação com todos esses elementos e brincadeiras necessita do diapasão de um adulto que a acompanhe e entre com ela no jogo, ajudando-a a reconhecer-se como um indivíduo, conduzindo-a a se destacar no mundo em que vive, com suas marcas pessoais. Portanto, mãos à obra, enfrente essa etapa exaustiva com paciência e energia, pois nesse período a criança rapidamente interrompe uma atividade para envolver-se em outra – instabilidade que só deve desaparecer aos 6 anos, quando estará preparada para realizar ações voltadas para a conquista de um objetivo.

Para ampliar sua capacidade receptiva, é importante contar-lhe histórias acompanhadas de imagens, na tela ou no papel, para lhe introduzir o mundo da ficção. Montar quebra-cabeças ou desenhar também ajudam a criança a direcionar o foco, e ela experimenta grande satisfação quando consegue realizar essas ações!

Aos 3-4 anos, a criança tem horror a imobilidades impostas, como sentar-se à mesa, tanto em casa como na escola. Ela tem necessidade de se

FORMAR A IMAGEM DO PRÓPRIO CORPO

Controle respiratório

A fronteira entre respiração e comportamento é muito estreita e assim será no decorrer de toda a vida. O contato com a respiração está vinculado à percepção que a criança tem do seu próprio corpo, conquistada por uma atenção fornecida através da qualidade do tônus muscular. Essa conquista inicia-se com a percepção do relaxamento e a contração dos distintos pedaços que compõem o corpo. Em sequência, a criança deve entrar em contato com a ação respiratória através do sopro, da fala, do canto, da apneia.

Para que a criança aprenda a ter consciência e controle de sua respiração, é recomendável propor situações em que ela possa praticar o ritmo (encher, conter e esvaziar) e a profundidade respiratória (descida do diafragma ao inspirar e retorno).

Existem exercícios praticados no ensino do canto que são muito interessantes e úteis para essa tomada de consciência, assim como percutir as costelas para mobilizar os músculos acessórios da respiração e, ao nadar, praticar apneias embaixo d'água. Desobstruir as narinas e adotar uma postura receptiva ao movimento do diafragma são ações que devem ser exploradas em práticas semanais, e animações que explicam como fazê-las são facilmente encontradas na internet!

RITMO E RESPIRAÇÃO

movimentar, sente um imenso prazer em se deslocar, tem ânsia de viver. Acompanhando e ajudando, é possível notar uma progressiva automatização nos seus movimentos, que pouco a pouco se tornam mais coordenados na imitação, na manipulação e nos gestos de pegar e lançar. No andar, ocorrem ajustes da motricidade na velocidade e no ritmo, e a criança começa a ter ações mais utilitárias. Aos poucos ela ficará mais perseverante, adquirindo mais continuidade em suas ações e chegando até a protestar quando é tirada de uma ação. É importante nessa fase dedicar mais tempo à realização do traço no papel, pois isso ajuda a organizar esses encadeamentos.

Muitos psicopedagogos denominam essa etapa de "a idade de ouro, da graça", na qual se inicia a aquisição da lateralidade em direção a uma dominância. Muitas crianças aos 4 anos, bem antes que a escrita e leitura se inicie, são capazes de reconhecer livros de sua predileção e até mesmo selecionar páginas que contêm suas histórias favoritas.

Idade pré-escolar

Dos 3 aos 6 anos, a criança ganha em média 6 cm e de 2 a 2,5 quilos por ano. Ela enfrenta uma frágil capacidade de concentração, na maioria das vezes devido à preponderância dos processos de excitação cerebral contra os processos nervosos de inibição, por isso é normal que mude constantemente de atividades nesse período. Dos 4 aos 5 anos, ela sente profunda necessidade de movimentar-se e brincar, como também possui uma imensa curiosidade pelo que não conhece e boa disponibilidade afetiva para vários tipos de aprendizados.

Ao 6 anos de idade, o cérebro atinge 95% do seu peso adulto, sendo que a mielinização das fibras nervosas aferentes e eferentes finalmente se completa. Isto feito, amplia-se na criança a capacidade de capturar informações e processá-las, fornecendo ao cérebro impulsos que se revertem na possibilidade de refinamento dos seus movimentos.

Seu pensamento é intuitivo, concreto e prático, estreitamente ligado a suas experiências pessoais e a um alto grau de emotividade, por isso seu desenvolvimento deverá ser conduzido e influenciado nesse período por jogos e brincadeiras, plenas de atividades motoras práticas: toda restrição lúdica à criança, mais do que nunca nessa fase, é nefasta ao seu desenvolvimento intelectual.

Entrar no jardim da infância é o primeiro momento em sua vida no qual se separa de casa e dos parentes, o que a conduz certamente a um campo de aprendizado social. Sim, muitas crianças com pais trabalhando antecipam essa relação indo para as creches.

A vivência e o aprendizado motor têm um papel importante na sua interação social: a criança capaz de correr rapidamente, de agarrar bem uma bola, de escalar um muro com agilidade é mais bem recebida pelas demais. Se ela possui habilidades marcantes nesse território, será facilmente recrutada pelos colegas de escola para jogar e, portanto, terá um comportamento mais confortável socialmente. Assim, quem não tem tempo de se dedicar a jogos e brincadeiras com seu filho durante a semana, deve fazê-lo no final de semana.

JOGOS E SOCIALIZAÇÃO

As atividades motoras que solicitam a imaginação, estimulando a criança a correr, saltar, subir, escalar, entrar numa relação de equilíbrio com o seu eixo, são propícias para essa etapa da vida. Quanto mais cedo forem vivenciadas, menor será o estresse e a dificuldade em realizá-las no ambiente escolar. Puxar, empurrar, carregar, lançar, balançar-se, girar sobre e em torno do seu eixo, tudo isso construirá diferenciações no cérebro, sedimentando a maturação psíquica da criança. A atividade esportiva deve ser praticada através de momentos agradáveis, divertidos, alegres, caso contrário, se o aprendizado é forçado, será apenas motivo de estresse.

IMAGINAÇÃO E CONCENTRAÇÃO

Todo o aprendizado motor nessa etapa deve ser acompanhado de dramatizações e situações lúdicas, mímicas de animais, situações que indiretamente preparem a criança a conquistar maturidade representativa sobre o universo em que vive – seu pensamento evolui apoiado no conhecimento que ela possui sobre a realidade.

PARA QUE A ESCRITA ACONTEÇA

Segundo Piaget, em *O nascimento da inteligência na criança*[16] e em *A formação do símbolo na criança*[17], a inteligência se desenvolve a partir das atividades motoras e, nos primeiros anos de vida, todo conhecimento e aprendizado está centrado no movimento e na ação da criança no meio em que vive. Movimento implica representação mental, interiorização das relações espaciais, ou seja, da relação do corpo com o espaço.

A psicopedagogia entende que, para uma criança penetrar com mais facilidade no raciocínio matemático, na leitura e na escrita, é necessário que tenha tido um desenvolvimento psicomotor favorável. Jogos e brincadeiras devem possuir estratégias que estimulem a organização espaço-temporal, a lateralização, a coordenação, o controle postural, a imagem corporal, sedimentando as condições para o futuro aprendizado e o desenvolvimento de seu próprio pensamento.

[16] Jean Piaget, *O nascimento da inteligência na criança*, Rio de Janeiro: LTC, 1987.

[17] Jean Piaget, *A formação do símbolo na criança*, São Paulo: GEN, 2010.

desenvolvimento
da escrita

"O gato no rato, o rato na aranha,
a aranha na mosca, a mosca na velha
e a velha a fiar!"

SENSIBILIDADE FINA

Os dedos que seguram o lápis estão ligados à mão que percorre o papel, a qual, por sua vez, é sustentada pelo braço, que está unido ao tronco, que determina o olhar, que dirige a cabeça... Como na parlenda acima, o ato de escrever envolve uma série de encadeamentos que resultam da conquista do esquema corporal, da aquisição da sensibilidade fina e do desenvolvimento das capacidades perceptivas.

Sentar corretamente para o aprendizado recruta:

- uma boa tonicidade no tronco para sustentação da coluna e da cabeça;
- pés apoiados no chão;
- bacia bem apoiada no assento da cadeira;
- costas e pescoço razoavelmente alongados;
- ombros encaixados, um em relação ao outro, alinhados no plano horizontal;

- braços apoiados no tampo da mesa;
- cabeça, olhar, comprimento dos braços, todos esses segmentos calculados numa distância adequada da folha de papel, propiciando uma suave inclinação entre o olhar e a superfície do caderno;
- encaixe do punho para uma sustentação firme do lápis, oferecendo mobilidade à mão;
- dedos sustentando o lápis com uma força harmoniosa, conseguindo fixá-lo, porém sem enrijecer a mobilidade do ombro, do antebraço e dos dedos.

Todos esses encadeamentos são necessários para a conquista da sensibilidade fina dos dedos, no uso do seu conjunto ou separadamente. Além disso, algumas faculdades perceptivas devem ser adquiridas e sedimentadas previamente, para prevenir estresses que bloqueiam a espontaneidade da criança:

- boa capacidade auditiva, sabendo discriminar sons como: vento, mar, violino, tambor, papel amassando etc.;
- acuidade e memória visual, conseguindo representar o modelo da letra que é anunciada sonoramente;
- motricidade fina adequada, suficiente para que reproduza os modelos representados mentalmente.

A consciência do esquema corporal, fundamental para o bom aprendizado da escrita, adquire-se pouco a pouco, através da maturação neuromotora e de um modo de vida organizado.

O desenvolvimento das atividades digitais finais, indispensável para o futuro controle digital e desempenho na escrita, pode ser estimulado por meio de inúmeras brincadeiras e atividades propostas à criança nos primeiros anos de escola – por exemplo, encher o fio de náilon com contas para montar um colar; pegar na areia colorida com as pontas dos dedos e deslizá-la sobre o tampo da mesa para desenhar figuras, entre outras.

Para que o processo que antecede o início da elaboração da escrita ocorra de modo integrado, divertido e sem estresse cognitivo, é importante proporcionar à criança vivências prévias que a auxiliem no refinamento do seu sistema psicomotor. Por exemplo:

A MÃO E O LÁPIS

CORPO E LETRA

- sonorizar e cantar as letras;
- dançá-las, traçando imaginariamente no espaço seu desenho;
- exercitar-se com bastões de diferentes tamanhos e pesos, em brincadeiras manipulativas e rítmicas;
- brincar com bolas cujo tamanho permita apreendê-las na mão em forma de arco, para estruturação do anel palmar e convergência dos dedos em direção à pinça indicador-polegar.

Uma interessante atividade de encadeamento corporal é traçar vogais na areia com um graveto, ou desenhar esferas e linhas sinuosas. O graveto deve ser leve, fino e ter aproximadamente 70 cm de comprimento. A mão que não escreve apoia-se sobre um banco, para que a coluna se sustente bem; as pernas devem dobrar e o tronco inclinar-se para a frente durante a execução dos traços. O corpo em sua globalidade acompanha o traçado, as articulações de braços e pernas entram em jogo. Em seguida repetem-se os traços com o outro lado do corpo.

Após um breve período de vivenciar o traço no solo, inicie as sessões em pé, sobre folhas de papel *kraft* fixadas nas paredes, ou lousas de material lavável. Usando pincéis finos, a criança deve desenhar linhas sinuosas e também circulares, indo e voltando com a mão direita e, depois, com a esquerda. "Perder esse tempo", digamos duas semanas, é capital para ampliar a cognição, a habilidade e o tônus de sustentação.

No que se refere às curvas, cada criança apresenta um sentido dominante, que determinará o traço das letras no sentido horário ou anti-horário. Estimule-a a traçá-las nos dois sentidos; brinque segurando sua mão, coloque vendas nos seus olhos para que ela comprove a importância do olhar.

Introdução ao universo dos signos

A CRIANÇA E A ESCRITA

A criança aprende a escrever de forma gradual, começando pela fase de cópia, ou reprodução da imagem. Depois consegue escrever o que lhe é ditado; por último, desenvolve a escrita espontânea. Para avançar por essas etapas, sua habilidade caligráfica deverá caminhar através da atenção e da memória.

A aproximação da escrita ocorre a partir dos 5 anos de idade, quando deve aprender a distinguir seu nome e se familiarizar com a escrita de forma lúdica. A lecto-escrita, contudo, não acontece antes dos 6 anos.

Julian de Ajuriaguerra, psiquiatra e professor, define que o estado pré-caligráfico se desenvolve entre 6 e 7 anos, fase em que a criança não tem ainda a capacidade de respeitar totalmente as exigências da escrita[18]. No nível espacial, as linhas são flutuantes, as margens, mal organizadas. No nível motor, observa-se um endireitamento progressivo do tronco e da cabeça, acompanhado de uma diminuição dos apoios sobre a mesa, mas as dificuldades que permanecerem devem ser atendidas e cuidadas, pois a maturação do sistema nervoso central é progressiva.

Depois de copiar letras, números, sinais e figuras geométricas, a coisa fica mais complexa, pois se trata de traduzir o que se escuta (sons) em letras e palavras e, finalmente, escrever o que se pensa ou imagina. É fundamental que os pais conheçam cada uma dessas etapas para poder detectar possíveis dificuldades de aprendizado. Nesse período, em casa, os familiares devem ler histórias para a criança e fazer-lhe perguntas sobre a narrativa.

Inicia-se então a maravilhosa entrada no reino da caligrafia, que jamais deverá ser negligenciada, a despeito de toda tecnologia que nos acompanha. Agora, de posse do lápis, processa-se primeiro o mais básico: traço horizontal, vertical, inclinado, curvo... Aos poucos conquistam-se modelos mais complexos, como copiar letras, números, sílabas, palavras...

Escrever a partir do ditado é claramente uma atividade mais complexa do que a cópia de modelos. Nesse processo não há um modelo visual; a criança deve se apoiar exclusivamente num modelo sonoro, ser capaz de discriminar o que escuta, traduzir sons aleatórios em letras e reproduzi-los no papel, estabelecendo-os no espaço da folha, na mesma ordem e tempo em que foram ditados e escutados.

A partir de então, entrar no universo da leitura compreensiva é fundamental, um apoio importantíssimo que potencializará o aprendizado da escrita. O processo da representação mental é rito de passagem que deve acontecer sem falta a partir dos 6 anos, quando então devemos analisar se a criança se desenvolve de maneira fluida, tanto na leitura como na escrita, ou se está defasada em relação aos seus companheiros.

Por último, atinge-se a fase da escrita espontânea, livre, que ocorre sem modelo sonoro, sem estímulo externo, a partir da capacidade internalizada, imaginativa. Desenvolver e conquistar a capacidade de escrever livremente o que se pensa valida todas as atividades psicomotoras anteriormente exercitadas; caso contrário, os próximos passos cognitivos e de construção de autoimagem serão difíceis e desgastantes para o sistema nervoso, trazendo desânimo e lentidão nos futuros processos de aprendizado.

DE OUVIDOS
BEM ABERTOS

[18] Julian de Ajuriaguerra, *A escrita infantil: evolução e dificuldade*, Porto Alegre: Artes Médicas, 1988.

Exercícios que facilitam o desenvolvimento da escrita

A prática de contrair e relaxar diferentes segmentos corporais é bastante útil nessa fase de desenvolvimento da escrita, pois amplia as imagens da criança em relação ao seu próprio corpo. A representação que a criança possui do seu corpo frequentemente apresenta perturbações, seja de ordem emocional, proprioceptiva, postural, visual, respiratória, mandibular, fonética.

É muito produtivo brincar com exercícios que despertem a percepção do posicionamento da cabeça sobre o tronco e deste sobre a bacia, da pressão dos pés contra o chão, do alinhamento dos ombros no plano horizontal, da flutuação do braço, da liberdade articular dos membros superiores e do encaixe da escápula no tronco, dando condições para a sustentação do braço. Enfim, exercícios que poderíamos denominar "pequenas tomadas de consciência".

Essas "tomadas de consciência" devem ser iniciadas em pé e, caso haja espaço, pode-se levar a criança a progressivamente soltar seu corpo no chão e tornar a ficar em pé, brincando assim várias vezes. Fazer movimentos pendulares com os braços, percutindo a articulação gleno-umeral e as clavículas, deslocando o peso do corpo de um pé para outro. Prosseguindo no jogo de alternância do peso do corpo de um lado para o outro, leve a criança à posição sentada e ensine-a a deslocar o peso do tronco entre o quadril direito e o esquerdo. Ensine-a a arredondar a coluna vertebral, apoiando a testa nas mãos apoiadas no tampo da mesa, e retornar à posição vertical, endireitando a coluna. Repita essa ação algumas vezes.

Para exercitar o olhar, oriente a criança a deslocar os olhos para a direita e a esquerda, na altura da linha do horizonte, e depois para cima e para baixo, na linha vertical, sem movimentar a cabeça, somente o globo ocular. Ensine-a a percutir os ossos da face com a ponta dos dedos: mandíbula, osso nasal e malar, base do crânio na região occipital.

Para o deslize harmonioso da ponta do lápis sobre a superfície plana e contínua do papel, propomos um exercício de flutuação das mãos e do braço que recruta múltiplos controles. Abarcando com a palma da mão uma bola apoiada sobre a mesa, a criança, em posição sentada, estica o braço para frente, fazendo a bola deslizar nessa direção até quase deitar o tronco sobre o tampo, voltando então a verticalizá-lo. Esse movimento deve ser repetido da direita para esquerda e vice-versa, traçando uma linha horizontal e finalmente círculos, sempre sem movimentar a cabeça. Esse exercício desfaz uma série de enrijecimentos comuns nessa fase de aprendizado.

A CADA 45 MINUTOS

tempo de escola

Entre os 6 e os 10 anos de idade, a criança cresce de 5 a 7 centímetros de altura, quase duplica de peso, e seu corpo passa por mudanças morfológicas que definirão as primeiras características de seu desenho adulto. As meninas tendem a ganhar mais camada de gordura que os meninos, mas, em geral, seu crescimento é similar.

Por volta dos 8 anos, o cérebro atinge o tamanho adulto; as ramificações e a maturação de suas estruturas ainda não estão acabadas, mas já se processam fenômenos de análise no sistema nervoso central, proporcionando uma excelente capacidade de aprendizado e desempenho.

Aquisições motoras

Como a maturação do esquema corporal se processa até os 13/14 anos de idade, os gestos nessa fase ainda possuem alguma característica reflexa e os impulsos sensoriais ainda são marcantes, permitindo armazenar em suas representações mentais novos dados.

É importante ampliar o leque de experiências psicomotoras por meio de atividades como mímica e jogos que favoreçam, por exemplo, o desenvolvimento de noções espaciais e temporais básicas, como distinguir direita e esquerda, identificar a posição dos objetos (o que está em cima, em baixo, à frente, atrás, do outro lado), reconhecer movimentos e direções (voltar, prosseguir, primeiro e último, ontem e amanhã) etc., de tal modo que essas referências sejam internalizadas e se manifestem tanto em expressões verbais quanto gestuais.

A inadequada representação da lateralidade dificultará a criança a visualizar e situar seu corpo nas relações com os objetos e com os outros, daí a importância de jogos teatrais para ajudá-la a perceber seu corpo como um continente, como território de trocas com outros continentes.

É fundamental que ela amadureça seu desempenho na psicomotricidade grossa e fina, sendo igualmente capaz, por exemplo, de recortar com a tesoura e de chutar ou sacar uma bola.

RAPIDEZ DE PENSAMENTO E MOVIMENTO

Essa etapa é caracterizada por um comportamento motor impetuoso, com movimentos rápidos e bruscos, que cessam no final desse período. O interesse por esportes nessa fase é acompanhado de muito entusiasmo. Nessa idade, as meninas terão alcançado mais precisão nos movimentos, ao passo que os meninos serão mais enérgicos, com gestos menos complexos. Ambos devem lançar e saltar bem.

É importante vivenciar experiências que envolvam cálculo entre força e impulso. Se bem conduzidas, promoverão a capacidade de concentração e diferenciações motoras, afinando rapidamente a captura de novas informações.

CORPO E CÉREBRO CRESCEM JUNTOS

Devemos ficar atentos nessa fase, pois a preponderância de processos de excitação provocará fatalmente um desmanche nos elos motores conquistados, dificultando a conservação das experiências apreendidas. Todo movimento em prol de uma coordenação deverá ser repetido inúmeras vezes até que seja absorvido e executado com autonomia.

As características psicofísicas são importantes na aquisição de habilidades motoras, e um bom repertório de possibilidades é importante nessa etapa. O objetivo é expor a criança a uma diversidade de técnicas que serão pouco a pouco aperfeiçoadas. A prática multidisciplinar é a meta nesse período: esporte, dança, tocar instrumentos musicais.

Aquisições cognitivas

Do ponto de vista cognitivo, a criança terá avançado também para territórios mais amplos:

- Tem ideia de quão distante está um lugar em relação a outro.
- Tem noção do tempo que se leva para chegar de um lugar a outro.
- Recorda com mais facilidade um trajeto percorrido.
- Observa e entende mapas e gráficos.
- É capaz de comunicar-se com clareza, transmitindo informações.
- Distingue categorias.
- Ordena os objetos, arruma conteúdos no bagageiro, tem noção das dimensões.
- Compreende os objetos em suas relações, por exemplo, coloca os talheres em seus compartimentos específicos.
- Apresenta raciocínio indutivo, dedutivo e lógico.
- Calcula mentalmente respostas ou ações, sem ter que medir ou pesar os objetos: por exemplo, escolhe corretamente um recipiente ou saco onde caiba tal conteúdo a armazenar.
- Conta mentalmente de forma ascendente.
- Já é capaz de planejar e tomar decisões sobre suas atividades diárias.
- Consegue manter-se mais tempo concentrada em uma atividade e desfaz-se com facilidade do raciocínio que vinha utilizando ao mudar para outra atividade.

Até os 10 anos de idade, as aquisições cognitivas permitirão que a criança crie ou recrie uma história que tenha ouvido, descrevendo com clareza as mudanças de tempo e lugar ocorridas no relato; compreenda o sentido total de uma oração sem se deter no significado das palavras; tenha consciência dos seus processos e modo de pensar, o que lhe permite desenvolver estratégias para resolver problemas, entre outras habilidades.

Desenvolvimento psicossocial

Além disso, desenvolverá maior consciência de si mesma e das situações que a fazem sentir medo, tristeza, vergonha, culpa ou orgulho, bem como das reações das outras pessoas às suas emoções.

Agrupar-se com outros de sua faixa etária favorecerá o desempenho social da criança, que assim aprenderá a ajustar seus desejos e manifestações aos dos demais, sabendo quando ceder e quando ser firme diante das situações. É importante, porém, tomar cuidado para que as situações de grupo não reforcem possíveis sentimentos de prejuízo.

A partir dos 9 anos ela percebe que a amizade é mais do que fazer coisas juntos: é também fazer algo para o outro. Sentimentos de exclusividade e possessividade devem ser trabalhados nessa fase para não excederem limites.

Os possíveis transtornos nesse processo de maturação, se não forem de ordem neurológica, serão decorrentes da ausência ou da fragilidade das vivências específicas dessa etapa de vida, da falta de conhecimento e experimentação, o que certamente amortece a capacidade de representação simbólica.

Um equilíbrio psíquico deve ser conquistado por meio de atitudes positivas, de novas aprendizagens e habilidades, como estratégia para impedir que tendências perniciosas da puberdade se antecipem: desleixo, negligência, indolência. É um período muito favorável para aprendizados que acompanhem as características morfológicas – alguma especialização já deve entrar em pauta. Exercícios respiratórios também terão um papel importantíssimo na sua segurança emocional e a ajudarão a enfrentar futuramente a passagem pela puberdade.

despedida da infância

À medida que se anuncia a puberdade, devemos insistir para que o jovem mantenha-se em movimento, dando continuidade às práticas que o atraíam até então – um esporte, um instrumento, dançar, cantar. O corpo adquire mais peso, força, harmonia em suas proporções; ocorre o amadurecimento morfológico e funcional do aparelho vestibular como de outros órgãos sensoriais. Um momento que oferece excelentes condições para o controle corporal; portanto, levá-lo à consciência postural é fundamental. Não será uma tarefa fácil, nem aos pais nem aos educadores, contudo, temos que ajudar o jovem a ultrapassar essa barreira.

O organismo tem necessidade da adrenalina; práticas competitivas são necessárias. Que sejam então vividas, para equilibrar o dilúvio hormonal que transborda em seu organismo. Surge então o incessante desejo de manifestação do "eu sei". Não o confronte, resolva tudo com bom humor e lance-o constantemente a situações de risco, tanto intelectual como físico, para baixar sua ansiedade.

A primeira fase da puberdade corresponde ao período entre 11 e 14 anos para as meninas, e entre 12 e 15 anos para os meninos. Nessa fase, desencadeia-se por meio da hipófise a produção de hormônios de

A DESPEDIDA DA INFÂNCIA

O MOVIMENTO E A AUTOESTIMA

MENINOS
E MENINAS

crescimento (GH) e de hormônios gonadotrópicos, responsáveis pelo desenvolvimento dos caracteres sexuais primários e secundários.

Meninos e meninas passam então por grandes transformações nessa fase. A síntese hormonal que se desencadeia na hipófise desperta as glândulas sexuais a produzirem testosterona nos meninos (nos testículos) e estrógeno nas meninas (nos ovários). Neles os efeitos serão o crescimento de pelos nas axilas, no púbis, no peito e no rosto; o ganho de massa muscular, peso e estatura; o alargamento dos ombros e a mudança na voz, que se torna mais grave. Nelas o processo começa um pouco antes; além do surgimento dos pelos nas axilas e no púbis, os quadris se alargam, a gordura se acumula nas nádegas e coxas, as mamas crescem e tem início o ciclo menstrual, gerando uma certa instabilidade na bacia devido a cólicas e dilatações.

Todas essas alterações no corpo têm efeitos também no comportamento dos jovens, determinando uma abrupta mudança nos seus interesses e nas suas interações sociais.

Frequentemente despreparados para a chegada dessa fase, os pais entram num embate com os filhos, pois, atordoados com as manifestações de desconforto e instabilidade que eles manifestam, não conseguem agir de maneira lúdica e suave para lidar com os conflitos. Acompanhar os processos de desenvolvimento de um filho requer a disposição de se manter jovem.

Não podemos ver o adolescente como uma criança e um adulto ao mesmo tempo e no mesmo corpo. Ele, na verdade, não é uma coisa nem outra, nem adulto, nem criança. Podemos dizer que, ao entrar na puberdade, o jovem se despede da infância, iniciando a transição para a idade adulta. Esse trânsito é desestabilizante, por isso é preciso ajudá-lo a manter os dons conquistados até aqui, colaborar para que se sinta num terreno mais seguro.

O acolhimento abranda conflitos

Na passagem da infância à puberdade, desperta-se no jovem uma imensa motivação para viver em grupo. Ele necessita perceber-se atuando com os companheiros, em frequente contato com a fascinante diversidade de seu círculo de amigos, nos quais procura se espelhar para construir, pouco a pouco, suas próprias marcas. Porém, ao mesmo tempo que quer se diferenciar da família, reivindicando autonomia, ele ainda tem a necessidade de ser cuidado e ser protegido, ainda precisa da segurança e do amor dos seus.

Estar inserido em grupos, esportivos ou artísticos, cria um ambiente de sustentação importante nesse momento da puberdade, mas o adolescente precisa também de um ambiente de suporte em casa, onde seja estimulado, conduzido e orientado, sem ser atacado em suas limitações, caso contrário o refúgio serão os amigos.

É natural, portanto, que nessa fase o jovem comece a passar mais tempo fora de casa, dividido entre demandas escolares, atividades lúdicas e esportivas, interações com os amigos. É muito comum, nessa fase, ouvir pais dizerem do filho "Agora ele só aparece em casa para comer e dormir". E é mais ou menos isso mesmo o que acontece. O lar se torna o espaço de repouso e nutrição, tão necessários para esse período de crescimento e transformação.

Por isso, antes que o jovem entre nessa fase, devemos sedimentar suas bases, para que o inevitável distanciamento aconteça de modo suave, ajudando-o a construir segurança e autoestima. A vida se constrói num vínculo de afeto, nos momentos compartilhados... Valorize as atividades feitas coletivamente, não ceda diante da emotividade emergente, crie situações que o motivem a estar ao seu lado, mesmo sabendo que ele caminhará em outra direção. Por que a despedida da infância deve ser marcada pelo distanciamento dos pais? Entenda que, ao se despedir da criança, você acolhe um adolescente. Modifique seu olhar.

Para equilibrar esse distanciamento, os pais podem promover situações igualmente estimulantes dentro de casa, criando oportunidades que envolvam o adolescente com seu núcleo de base. Por que não cozinharem juntos, ensiná-lo a preparar sua sobremesa favorita, decorar um vaso? Que tal retomar com ele a atividade do desenho, dessa vez procurando aprimorar-se juntos nas técnicas, na composição das formas, no jogo de luz e sombra? Ou reformar aquele móvel antigo que está precisando de um trato? Tocar um instrumento, aprender marcenaria, modelar argila no torno são atividades que pais e filhos podem compartilhar e que fortalecem os vínculos com o ambiente doméstico, promovendo confiança no jovem.

CONFLITOS

O contato com a natureza é uma oportunidade para o jovem suavizar o confronto com as metamorfoses físicas e emocionais ocasionadas pela ação dos hormônios. Aqueles passeios no fim de semana, os banhos de mar ou piscina que a família fazia quando a criança era pequena

Respirar não engorda e faz crescer

Exercícios de relaxamento e meditação ajudam nas adaptações do corpo e colaboram na fisiologia do cérebro. O aprendizado começa na posição sentada, para evitar que o corpo se entregue totalmente: deitar para relaxar não é indicado, pois induz ao sono e, assim, nos faz adormecer para os movimentos sutis do organismo. O primeiro passo para eliminar o comportamento de abandono e soltura do corpo é colocá-lo em prontidão. Além disso, a posição sentado permite entender melhor nossa organização motora.

Para desmanchar tensões musculares é preciso que a mente acompanhe os comandos. O ato de respirar compreende algumas etapas: primeiro perceber a entrada e passagem do ar pelo nariz, umidificando lentamente as mucosas; perceber então o ar atingindo o fundo dos olhos; depois, conter o ar por segundos e tomar ciência do diafragma aprofundando-se tórax abaixo durante a breve apneia; por fim, soltar lentamente o ar por entre a ponta da língua e os dentes e/ou pelos lábios como se soprasse uma vela. Perceba a amplitude da expiração, entendendo que ela promove a fala ou o ato de cantar. Ombros encaixados sobre o tronco, coluna e pescoço suavemente alongados, bacia e pés bem apoiados, respectivamente no banco e no solo.

podem agregar agora os amigos da adolescência, enriquecendo a experiência de todos.

Pode soar estranho à primeira vista, mas já pensou em convidar seu filho para respirar? Respirar bem proporciona calma e tranquilidade, induzindo uma viagem internalizada às funções corporais, uma tomada de consciência fundamental que preparara o corpo e o cérebro para enfrentarem as turbulências do dia a dia e, nesse caso, da puberdade. O ar deve seguir direções corretas, acionando o diafragma a movimentar-se com liberdade dentro do tórax. Perceber a entrada e saída do ar com suas pausas fisiológicas, sem interferência voluntária, apenas observando o encher e esvaziar, em diferentes posturas, fortalece a percepção de estar presente. Prestar atenção à respiração é necessário porque ela facilmente se subordina à desorganização da postura e dos movimentos. A ausência dessa parceria postura/respiração apaga as imagens que temos de nós mesmos, trazendo desconforto e angústia – sentimentos desagradáveis que muitas vezes invadem os adolescentes, despreparados que estão para lidar com as novas demandas da vida. Então, mãos à obra: convide seu filho e descubram juntos quanta magia e encantamento pode haver no simples ato de respirar.

Equilibrando o ataque hormonal

Até os 13 anos, os meninos ganham quase quatro vezes mais força muscular que as meninas. Mas, apesar de serem mais performáticos nas atividades motoras, não há diferenças em relação à coordenação e ao equilíbrio. Ambos vão ter dificuldades no controle postural devido à perda nas habilidades de equilíbrio adquiridas até a entrada na puberdade.

Os movimentos, que funcionavam com certa qualidade e de maneira independente, agora perdem as dissociações conquistadas entre tronco e cabeça, entre ombros e quadris, voltando a agir em bloco. A postura da cabeça, seu encaixe nas duas primeiras vértebras, se desorganiza, assim como a coordenação motora, que se desestabiliza facilmente devido aos diferentes ritmos em que crescem as partes do corpo nessa fase (principalmente pés e mãos).

Fricções na pele da nuca, pendurar-se em uma barra (instale uma em sua casa e pendure-se também), andar descalço sobre pedras, materiais ásperos e argila para recuperar sensibilidade e destreza – esses e outros estímulos devem fazer parte da rotina do jovem, a fim de evitar que as conquistas posturais alcançadas durante a infância se percam.

Nesse estado em que a ação motora perde a coordenação, os adolescentes se tornam muito desajeitados e desastrados, ou seja, pensam em fazer um movimento, mas acabam fazendo outro, e derrubam as coisas com facilidade. Exercícios com malabares e a dança são atividades lúdicas que agem rapidamente no bem-estar corporal e contribuem para a melhora da coordenação e da postura, que nessa fase costuma arquear-se.

Para melhorar a psicomotricidade fina, a arte do origami é um excelente recurso. Dobrar é compreender a parte e o todo, criar a conexão de um pedaço com outro. A dobra é um limite. Ao praticá-la, o adolescente se organiza na posição sentado, com as mãos dirigidas para o papel, induzindo naturalmente o cérebro a trabalhar e acalmando assim o estresse. O origami orienta o foco e a coordenação.

A instabilidade vocal que tanto incomoda o jovem nessa idade, principalmente os meninos, pode ser calibrada com o canto, com a participação em um coral. Exercícios vocais não só aceleram a harmonização da emissão sonora, mas melhoram também a comunicação e a escuta.

O estranho corpo que habito

O espelho lhe mostra um desconhecido. O conflito reside no próprio corpo, onde a necessidade de adaptação gera altos níveis de estresse, onde os conhecimentos e domínios adquiridos na infância podem cair por terra.

As mudanças da puberdade chegam distorcendo sua autoimagem, impondo-lhe um novo corpo. As desordens que surgem no campo da imagem corporal são decorrentes de dificuldades emocionais e hormonais, o que o leva a ter dificuldade de expor seu corpo. Aceitar modificações tão rápidas não é simples, portanto, não se trata de uma perda de coordenação específica, mas sim do impacto da libido atuando em seu organismo, distanciando-o das referências motoras.

É difícil, existe uma separação profunda entre a imagem objetiva e a imagem subjetiva de si mesmo: o corpo que ele vê no espelho não é o corpo que ele traz na imagem que tem de si mesmo. Essas duas imagens precisam se integrar para viver a adolescência da melhor maneira possível. Como aprender a cuidar e a se movimentar com esse novo corpo, atualizando e integrando em si a nova imagem que surge?

Para desdramatizar as dificuldades de confronto com sua imagem em transformação, exercícios de controle postural podem ser realizados

AFASTAMENTO E APROXIMAÇÃO

defronte do espelho, ora acentuando assimetrias que comprovem a desarmonia no conjunto do corpo, ora executando as correções necessárias, de forma lúdica e divertida. O controle da postura protege das dores decorrentes dos estirões musculares.

E falando em desdramatizar, aulas de teatro e mímica podem contribuir muito para esse processo, ao trazer para o adolescente uma relação melhor com o próprio corpo. A exigência de construir diferentes personagens suaviza sua densa tarefa de definir uma personalidade, pois, confuso com a imagem que tem de si, não sabe como expor-se, como se comunicar com os outros. Ao construir novas gestualidades, ele transfere para a interpretação as dificuldades que tem com o corpo e ganha novas imagens motoras.

Libido é mais que sexo

É no corpo que nascem os impulsos, os desejos, as necessidades vitais. Mudanças biológicas e fisiológicas trazem junto várias crises de comportamento. Na puberdade, a maior revolução do organismo são os hormônios sexuais. O aparelho reprodutor amadurece, entra em jogo a libido, um processo que fatalmente carregará o adolescente de ansiedade.

RITOS DE PASSAGEM

A libido é a grande conquista da evolução da espécie humana. Levará muito tempo para entendermos que sua manifestação não se resume somente ao desejo sexual: é um despertar para a escuta, para o conhecimento, para a busca de objetivos de vida, para os instintos de vida. Seus desejos são difusos e não podem limitar-se à masturbação. A chave está em alimentar e liberar a libido de outras formas, buscando um equilíbrio entre as atividades físicas, sensoriais e intelectuais.

Atividades que ampliem a sensibilidade fina são extremamente favoráveis nesse sentido e fundamentais na puberdade. A modelagem de cerâmica, por exemplo, induz a experiências de interiorização, criando reciprocidade entre a forma moldada e os espaços internos do corpo. Perceber dimensões internas acalma o ser humano e dá segurança de permanência no corpo.

Estímulos sensoriais diversificados devem fazer parte da vida do adolescente, para que ele perceba que a satisfação não está restrita aos órgãos genitais. Atividades em que cheiros, sabores, sonoridades e texturas estão presentes acionam o campo cognitivo e distribuem a libido em todo o corpo. Aprender um instrumento musical que possua um certo grau de complexidade aguça a sensibilidade, o tato, o ouvido.

Muitas vezes o adulto se assusta com as manifestações de libido do adolescente e, afastando o olhar, permite a construção de tabus. Encare com naturalidade e cuide para que o menino e a menina encarem de frente sua identidade e as cargas emotivas que isso envolve.

Em Bali, na Indonésia, quando entram na puberdade, as crianças participam de danças e ritos de passagem que levam as meninas a movimentos e expressões mais viris e os meninos a movimentos e expressões mais andróginos. Isso mostra como uma cultura equilibra as transformações corporais através do campo sensorial e simbólico. O desenvolvimento da libido no adolescente é um processo; ele precisa dela para crescer em várias dimensões, não apenas na sexual.

Mau humor e impulsividade são características da fase. Pela vergonha do corpo, o adolescente também rejeita o contato e o afeto, sobretudo dos pais. Um beijo, um abraço, um afago podem ser sentidos como uma invasão. O corpo é dele e ele precisa se apropriar cada vez mais.

O toque é importante, por isso o contato físico deve ser proporcionado por meio de jogos, brincadeiras, do relaxamento ativo e também da massagem. A massagem com movimentos de percussão corporal ensina a conhecer as formas e as partes do corpo em si e no outro; é uma forma de apropriação do corpo em transformação.

Vivemos numa sociedade estereotipada e extrovertida. Dia e noite, pelos meios de comunicação, recebemos estímulos extravagantemente eróticos, ao mesmo tempo que temos muitas dificuldades para lidar com diversidades corporais que fogem dos padrões impostos pela mídia. Talvez por isso o adolescente tenda a se fechar, a construir fortalezas corporais e se esconder do que sente.

O adolescente necessita de movimentos expressivos e criativos. As transferências de tônus de um lado para o outro do corpo, de cima para baixo, promovem o deslocamento das tensões musculares. Ele precisa também de movimentos em grupo, porque se espelha no outro. Essas mobilizações e alternâncias acabam distribuindo a libido e desconcentrando o estresse. Para manter o desenho do corpo é preciso conhecê-lo.

Movimentar-se é preciso

Passar pela puberdade é um segundo parto, um segundo nascimento corporal. A adolescência é evolução, é quando o cérebro começa a treinar a capacidade de decisão, de consequência dos atos. A entrada no mundo adulto está logo ali; em breve o adolescente ganhará um novo *status* social.

Sim, novas funções devem ser propostas nesse período – funções de responsabilidade, de ação em grupo. O adolescente precisa ser convidado e inserido em ocupações que até então eram reservadas aos adultos, precisa se apropriar das questões relacionadas à sua sobrevivência, precisa estar ciente de que, se já pode gerar um filho – e muitas vezes o faz precocemente –, esse amadurecimento acarreta responsabilidade.

Uma coisa, porém, não muda e deve ser enfatizada: é o movimento que está na base da inteligência e do amadurecimento. As funções mais sutis do corpo humano estão subordinadas à estrutura do movimento. O gesto projetado na mente assume uma forma própria, amplia a memória e estabelece o esquema corporal. Bem executado, substitui o estresse pela satisfação.

Conhecer e disciplinar o corpo ajuda a liberar as tensões próprias não só dessa fase do crescimento, mas de qualquer etapa da vida daqui para frente. São o jogo psicomotor e suas ferramentas que alimentam o ser humano a crescer bem e com bem-estar, mantendo os sentidos e os movimentos integrados, em ação. Se deixarmos isso para mais tarde, mais difícil será nos apropriarmos dos gestos, dos movimentos, do esquema corporal.

Por isso, mãos à obra! Há um mundo inteiro à sua espera ali na frente, mas a sua maior responsabilidade, antes de tudo, é com você mesmo.

COMO SE TORNAR ADULTO

SENTIDOS EM AÇÃO

movimento organizado: chave para o desenvolvimento

Postura, movimento, organização da fala e do olhar, seleção/percepção tátil e sonora, respiração, cálculo e memória: esses são componentes essenciais para o ser humano ocupar o espaço em que vive. Eles constituem as chaves para a construção de uma individualidade – da sua individualidade –, desse delicado sistema que se especializou no processo da evolução.

O movimento é um componente essencial para o organismo se manter vivo. Desde a vida uterina, como vimos, estímulos vibratórios devem atingir o ser em formação, preparando seu sistema nervoso central. A percepção do movimento inicia-se então através de vibrações sonoras, por isso se recomenda que a mãe cante e converse com o bebê em seu ventre.

Quando o bebê vem ao mundo, esses estímulos devem continuar. Repare que, quando vemos um recém-nascido, intuitivamente balbuciamos: "ba ba ba, ma ma ma, fa fa fa". Nossas mãos gesticulam, nossos lábios iniciam estímulos sonoros que certamente impulsionarão o tônus muscular do bebê. Sem perceber, fazemos isso também com animais domésticos: esses impulsos são ancestrais! Tais estímulos são urgentes

O DIA A DIA
DO GESTO

e necessários, pois o recém-nascido ainda não se percebe como um indivíduo, não se diferencia dos objetos, da luz e da sombra, ainda está ligado ao corpo da mãe.

Depois dos estímulos sonoros, tocar a pele de suas mãos e de seus pés faz todo o sentido; prosseguimos vibrando suas articulações, conduzindo também seus membros em contínuas circunduções no espaço, efetuando um simples rito de passagem, pois induzem o bebê a sentir seu corpo inserido no espaço e no tempo, condição fundamental para existir na Terra.

Mais tarde, devemos abrir um campo às sensações táteis e visuais, hierarquias que deverão pautar as metas do ensino e aprendizado: a cognição e o intelecto devem ser regidos por essas bases. É certo que, à medida que esses caminhos são incorporados, que essas experiências são vivenciadas, capacidades e manifestações mais refinadas se instalarão naturalmente no sistema do indivíduo, onde a criatividade será infindável.

Esses processos devem ser retomados e reproduzidos nas várias etapas do desenvolvimento humano, inclusive na vida adulta, como veremos a seguir.

reavivando o sistema psicomotor

Nossos sentidos, como vimos, iniciam sua formação durante a vida intrauterina: instalados num câmara escura e flutuante, em formação no útero, somos invadidos por vibrações das vozes materna e paterna, da mobilidade gerada pelo ambiente aquático, e, vez ou outra, pela luz que deve contrapor-se à escuridão desse recinto. É assim que iniciamos processos de adaptação com os elementos que darão manutenção à nossa existência: tempo/espaço, noite/dia, calor/frio, quietude/vibração, impulso/breque.

Assim, sempre que desejarmos despertar os sentidos de alguém para um novo aprendizado, devemos seguir estes passos:

- estimular a escuta e emissões sonoras;
- vibrar o esqueleto;
- esfregar a pele;
- elevar o tônus muscular;
- calibrar os sentidos visuais entre a luz e a sombra, perto e longe, lado e lado.

No Método Bertazzo, indicamos que, durante a execução do exercícios, o professor de movimento preencha o espaço da quadra ou da sala com sonoridades da sua voz, recorrendo a uma imensa gama vocal e até mesmo a instrumentos percussivos. Certamente, esses estímulos colaboram para um melhor rendimento no esporte, na ginástica, na dança. Tanto o condutor/professor como o receptor/aluno devem cantarolar durante seus atos motores, impulsos e gestos.

A concentração é oriunda da prática da escuta, das sensações táteis, do olhar e olfato. Ouvir, sentir e perceber sutis e intrigantes sonoridades organizará melhor o corpo para impulsos mais longos e contínuos em sua *performance*, trabalho e produtividade.

Despertar para a vida e nos manter vivos através do equilíbrio dos sentidos nos possibilitará envelhecer com inteligência e juventude.

Reeducação do movimento

Não esqueçamos que o emocional é muito forte; ele realmente modela o corpo. Por isso muito cedo adquirimos expressões somatizadas, que são reflexo de nossas ausências, de nossos receios, que devemos tentar combater.

Algumas pessoas se movimentam de forma muito reduzida, porque é assim que elas veem seu esquema corporal. "Me mexo do jeito que me vejo, e me vejo do jeito que eu mexo." As duas coisas estão interligadas. Por isso devemos brincar muito com o corpo. Brincar com o neto rejuvenesce a avó!

Para ter consciência do corpo, é preciso trabalhar com diferentes ações musculares. As funções motoras alimentam e fortalecem os mecanismos da memória, da linguagem, da resposta emocional e comportamental. É através desses componentes que se forma e sustenta a intrincada relação corpo/mente.

Se uma ação motora é realizada com um certo grau de descoordenação, um padrão desordenado se inscreverá no cérebro, desvio que, pouco a pouco, fragilizará as conexões necessárias entre os departamentos cerebrais. Ou seja, um gesto descoordenado atrapalha as conexões entre um setor cerebral e outro, impedindo conquistas motoras já estabelecidas de se desenvolverem e especializarem, dificultando a entrada de novos estímulos e inviabilizando o aperfeiçoamento do sistema. Por isso, a prática de estímulos motores coordenados é fundamental para que a pessoa se aproprie de si própria.

Reeducar o movimento é sempre retomar os padrões conquistados e verificar se eles ainda estão presentes. É preciso reeducar os gestos que envolvem a manipulação, a organização para a fala e a deglutição, a respiração, o andar e a visão, componentes que tendem a envelhecer mais cedo. Reeducar é colocar o corpo em função! A reeducação é estática, exige exercícios isométricos em que o corpo mantém um posicionamento específico, um encaixe articular, no qual se inicia a contração do músculo, e este, por sua vez, transmite sua força para outros polos sem que o corpo se mova.

Se pressionar a mão em um móvel e tentar arrastá-lo, você terá que usar a pressão dos pés contra o chão. A resultante dessa pressão atinge braços e mãos, e o móvel se arrasta; o pescoço não pode encurtar, os ombros devem se manter encaixados sobre o tronco, a coluna vertebral, comprida. Em reeducação do movimento denominamos isso *movimentar-se através de unidades de tensão*, unidades funcionais.

O movimento é um alimento para o cérebro manter-se vivo e exercitado, já que ele se alimenta com o refinamento dos gestos.

UM PASSO À FRENTE

Estimulando a psicomotricidade fina

É importante termos em mente que a partir dos 50 anos de idade é fundamental introduzir em nossos hábitos estímulos que favoreçam a psicomotricidade fina, preparando-nos para enfrentar déficits que naturalmente ocorrerão em nosso sistema nervoso central. Essas práticas de enfrentamento são ferramentas úteis para acessarmos na etapa do envelhecimento. Como já observamos, os estímulos devem ser antecipados – se propostos tardiamente, é provável que esse aprendizado não seja mais assimilado: "Cheguei aos 70, estou com uma série de problemas, vou começar a me cuidar". Evite essa situação; o ideal é antecipar esses cuidados.

Para o idoso, que está na fase de fragilização dos impulsos vitais do seu organismo, inerente à idade, dedicar-se à marcha réptil pode ajudá-lo. Botar o vovô para rastejar no chão – claro que com os devidos equipamentos de proteção para joelhos e cotovelos – é "correr atrás". O rastejar melhora a irrigação arterial e a oxigenação no cérebro, que tendem a diminuir com a idade. Igualmente, engatinhar sustentado por elásticos, sempre com os joelhos protegidos, é um ótimo exercício para equilibrar o tônus muscular entre os membros e o tronco. Exercícios que estimulem também a tonicidade dos lábios e da deglutição, trabalhando a língua e a glote para favorecer a passagem dos alimentos, são importantes nessa fase – muitos idosos sufocam ao deglutir.

Levando uma vida saudável atendemos à psicomotricidade bruta, que é acionada naturalmente: fazendo compras no supermercado, carregando sacolas, caminhando com os amigos, subindo escadas, nadando com certa frequência, ou pelo menos entrando e se movimentando na água, tendo contato com a natureza. Tudo isso já faz a diferença para o psicomotor bruto. São atividades básicas em força, em que o corpo articula diferentes movimentos e posições.

O QUE DÁ FORMA AO CORPO

Não podemos nos esquecer, porém, de alimentar o psicomotor fino, introduzindo ações que o coloquem em função. Cuidar das tomadas e soquetes da casa, cozinhar pelo menos uma vez por semana, cantar, limpar embaixo dos armários, pôr as gavetas em ordem, tricotar, jardinar, bordar, lidar com marcenaria, tudo isso deve fazer parte da vida cotidiana e funcional a partir dos 50 anos. Quando necessário, conserte o que está quebrado em sua casa! Há uma série de ações simples que delegamos a um profissional e que nós mesmos podemos aprender a fazer. Outros pequenos hábitos, como esfregar a pele no banho e experimentar as distintas temperaturas da água, também ajudam nosso psicomotor a se manter vivo.

PARA MANTER A PSICOMOTRICIDADE VIVA

O psicomotor fino é aguçado ainda através da percepção de diferentes sonoridades. Escutar música erudita, por exemplo, contribui para retardar o envelhecimento auditivo, pois o afinamento de cada instrumento estimula diretamente o cérebro do ouvinte. E, por ser o labirinto tão capital para o equilíbrio do nosso corpo, alguns exercícios "desequilibrantes", como a prática diária de pisar numa caminha elástica ou em um trampolim, podem ajudar a estimular suas funções de ajustador do equilíbrio.

Muito se fala hoje em dia do risco de um adolescente ficar no celular horas a fio. Esses riscos se aplicam a todos, porém, para os idosos, o uso do celular tem o benefício de estimular a memória e a interação social, o que é muito bom.

reavivando a memória motora

Cada vez mais evidencia-se que conviver constantemente com uma dor que se aloja numa articulação – seja no ombro, tornozelo ou punho, seja no joelho ao firmar o passo na caminhada, seja por um pinçamento do nervo ciático ou uma presente agulhada no meio das costas que pressiona o peito ao inspirar – modela pouco a pouco no indivíduo gestos pequenos, entrecortados, imprecisos, a expressão de um quadro psicossomático que pode aprisioná-lo num círculo vicioso. Esses e muitos outros mal-estares, que têm origem em uma simples disfunção mecânica, limitam e bloqueiam os movimentos, impedindo-o de adaptar-se às diferentes situações impostas pelo cotidiano.

Costumamos dizer, no ensino do Método Bertazzo, que primeiro envelhecem os gestos, depois o viço da pele e o vigor dos músculos, e, então, sobrevém a fraqueza dos ossos. A presença da dor reduz e apaga pouco a pouco a imagem do traço que nossos gestos desenham no espaço, apagando-se finalmente dos nossos sentidos a percepção do alcance das mãos em direção a um objeto, do impulso de um passo, de um simples arremesso de papel amassado ao cesto de lixo. No receio de agachar-se, pouco a pouco apaga-se a sensação do chão: não

DORES DE CADA DIA

mais arriscar-se a um pequeno pulo, a girar o tronco para olhar a paisagem que ficou para trás. Na ausência desses pequenos gestos, desfazem-se imagens motoras há muito tempo conquistadas e, com elas, a imagem corporal plena de integridade. As expressões gestuais prematuramente envelhecidas decorrem, em grande parte, da carência de estímulos que proporcionem bem-estar corporal.

Quantas vezes e em qual circunstância tomar o medicamento "movimento"? Como e quando, num quadro inflamatório, recorrer ao gelo, ao calor, ao descanso, à tipoia, à meia elástica, às pernas para cima apoiadas na parede, à fricção da pele, à vibração dos tendões, à percussão dos ossos e músculos, a uma inspiração lenta e profunda para oxigenar o cérebro? Como nos apropriar em nosso cotidiano, em diferentes etapas da vida, na convalescença, na depressão, de todos esses recursos para evitar que a massa do bolo desande, que o barco vire, que o edifício desmorone?

Exercícios para reavivar a memória motora

Cada espécie possui um arcabouço, uma estrutura que permite definir sua marca, sua formosura; o homem não possui as asas de um condor, as patas de um lince, a articulação de uma lagartixa para subir a parede, nem tampouco o dorso de um golfinho, mas temos todas essas marcas inscritas em nossas células e um imaginário para alcançar o infinito.

Nosso corpo foi constituído em um meio aquático e, à medida que envelhecemos, devemos restituí-lo a sensações de flutuação. Já caminhamos como répteis, rastejando pelo chão. Gatinhando como quadrúpedes, ensinamos a coluna a se verticalizar e estabilizar. Usando as mãos para nos pendurar, realizamos as suspensões que nos levaram, por fim, à marcha bípede.

Todas essas etapas, esses diferentes modos de locomoção instintivamente herdados e experimentados através de milênios, definiram nossa constituição, trazendo sensações motoras capitais para o nosso desenvolvimento.

A série de exercícios a seguir tem o objetivo de reavivar nossa memória motora, ajudando a manter viva nossa imagem postural e gestual a fim de preservar a saúde e funcionalidade do nosso corpo e amenizar possíveis somatizações.

1) Peixe (flutuação)

A água é um excelente meio para nos exercitarmos, uma vez que ela envolve o corpo todo. Ao mesmo tempo que permite usufruirmos o prazer da sensação de leveza causada pela diminuição da ação da gravidade (ficamos mais "leves"), nos beneficia também ao estimular a tonificação dos músculos e a circulação sanguínea, graças à resistência e pressão que oferece aos nossos movimentos.

Quando imersos, a resistência oferecida pela água sobre o corpo se faz presente em todos os planos de movimento que somos capazes de executar; sendo assim, é interessante trabalhar gestos amplos a fim de estimular grupos de músculos que se contraem coordenadamente em padrões de movimento. Lembrando que, para manter a saúde do sistema nervoso central, é melhor trabalhar o gesto do que o movimento isolado de um único segmento do corpo, no qual somente um músculo é recrutado.

Vamos lá, você pode fazer estes exercícios tanto na piscina quanto no mar (desde que não tenha correnteza). Não é necessária uma profundidade muito grande, mas é muito importante que você permaneça com o corpo todo imerso na água, ou seja, dos pés até os ombros embaixo da água. Para isso, basta adaptar a sua altura com a abertura e a flexão das pernas, como você pode observar na ilustração da página 163. Mantenha os pés paralelos, virados para frente e em firme contato com o fundo. NUNCA faça os movimentos com as pernas totalmente esticadas.

Movimento 1 A

Inicie o exercício com o braço direito aberto ao lado do corpo e, durante toda a sequência, mantenha-o na altura do ombro, sempre dentro da água. Com a palma da mão virada para frente, os dedos bem abertos e o cotovelo ligeiramente dobrado, deslize o braço para o lado esquerdo empurrando a água com força. Deixe que seu tronco e seu olhar acompanhem o movimento do braço. Não esqueça de equilibrar sua base de apoio, ou seja, mantenha os pés apoiados firmemente e controle a força do seu abdômen para não machucar a coluna ao torcer o tronco.

Como você pode observar na ilustração **a**, ao final da amplitude da torção a palma da mão direita estará virada na direção do seu ombro esquerdo.

Ao iniciar a volta do movimento, vire a palma dessa mão para fora, como em **c**.

Num movimento bem amplo e vigoroso, leve o braço até o outro lado, de maneira que o tronco também gire para permitir maior amplitude do movimento (**d**).

Lembre-se: o braço e o tronco devem permanecer em "sintonia", e o olhar sempre acompanha o movimento.

Repita o movimento pelo menos 20 vezes com cada braço e tente deslocar a maior quantidade de água possível. Para isso, cada vez que completar um trajeto, vire a palma da mão novamente (sempre para o lado do deslocamento).

Preste atenção na respiração! Você deverá expirar (soltar o ar) durante todo o trajeto em que o braço estiver em movimento e inspirar no final, hora em que você vira a palma da mão para iniciar um novo trajeto.

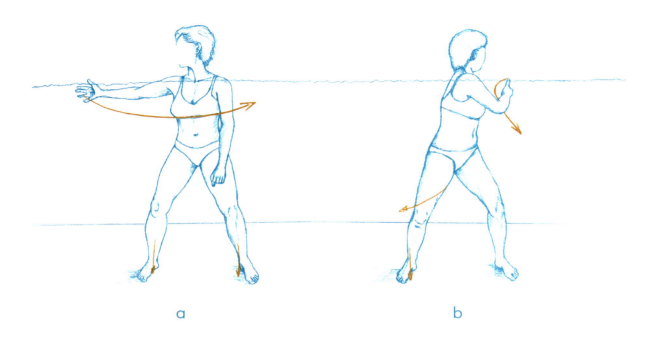

a

b

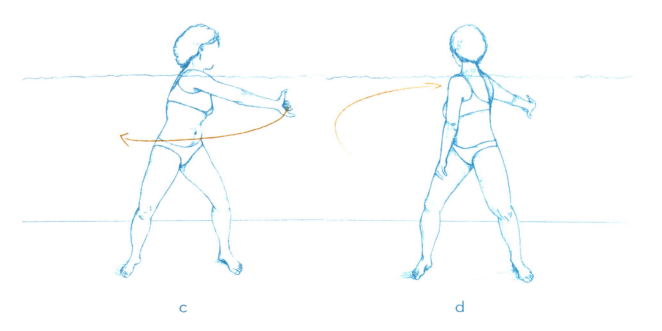

c

d

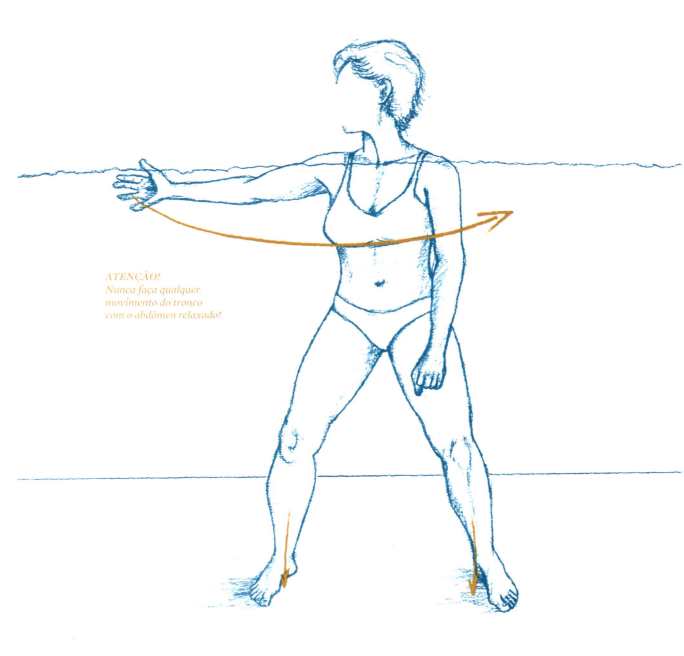

*ATENÇÃO!
Nunca faça qualquer movimento do tronco com o abdômen relaxado!*

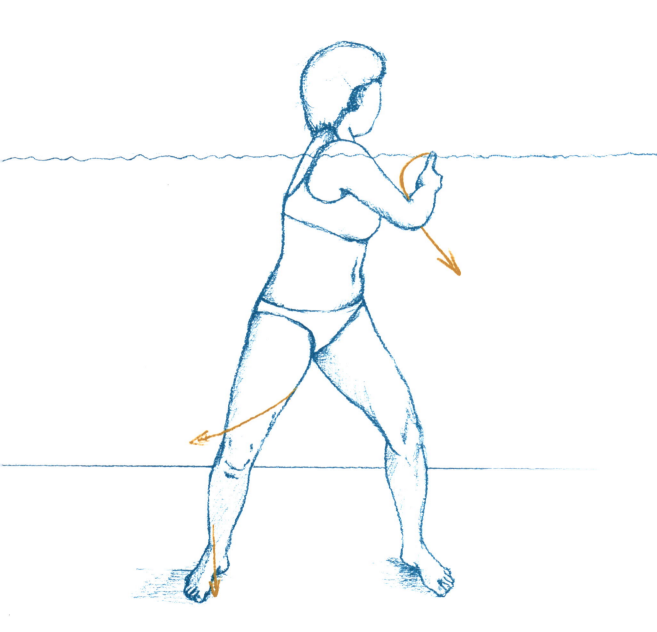

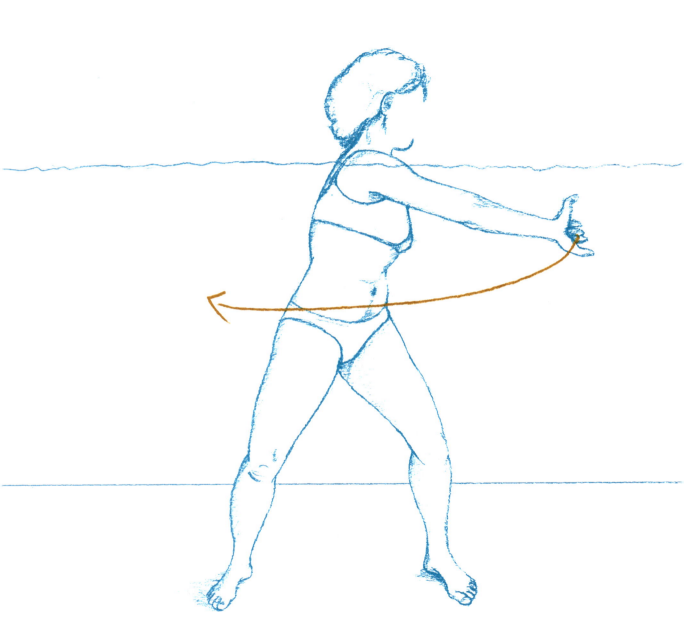

ATENÇÃO: Mantenha o tronco aprumado em sua linha média, isto é, na posição vertical. Não faça do seu tronco um joão-bobo! Observe nas ilustrações que o corpo acompanha o movimento do braço, mas em momento algum faz inclinação para frente, para trás ou para os lados. Dessa forma, além dos braços, você fortalece a musculatura da cintura e cria estabilidade para sua coluna lombar.

Movimento 1 B

Agora, com as mesmas recomendações da sequência anterior, você vai movimentar os dois braços juntos para a mesma direção. Porém, como podemos observar nas ilustrações a seguir, o tronco não gira tanto quanto antes.

Partindo da direita, num trajeto de aproximadamente 180°, empurre a água para a esquerda, mantendo a bacia bem alinhada para a frente.

Ao final de cada trajeto, lembre-se de virar a palma das mãos para que você possa novamente deslocar uma grande quantidade de água.

Repita 30 vezes em sequência contínua de um lado ao outro, de forma que os braços realizem um movimento que desenha a figura do símbolo do infinito ∞ (mais "comprido" e "achatado" do que este).

A cada deslocamento dos braços, expire o ar dos pulmões; inspire ao mudar a posição das mãos.

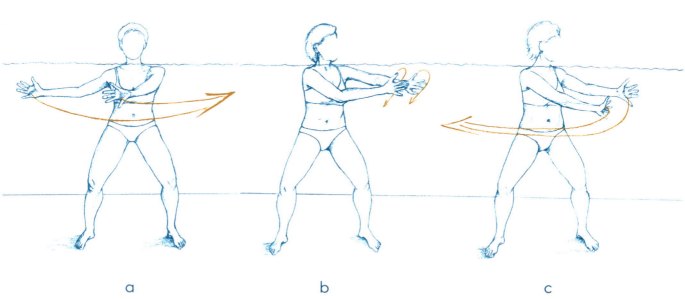

a   b   c

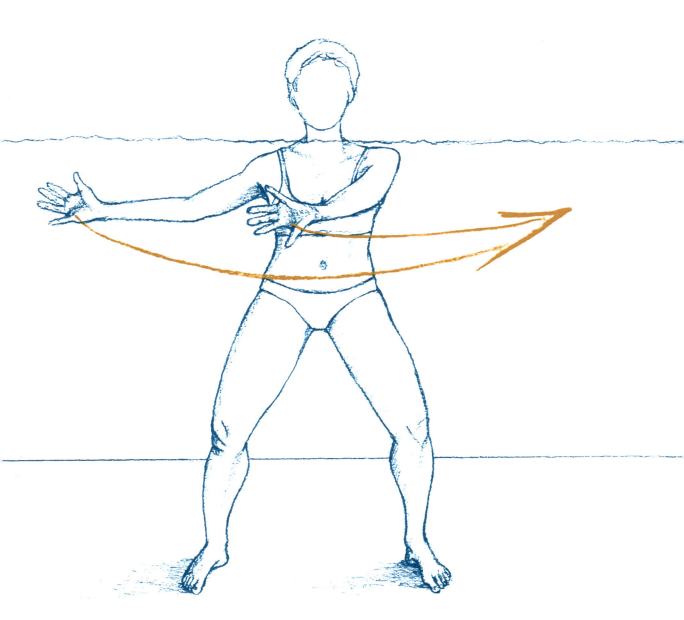

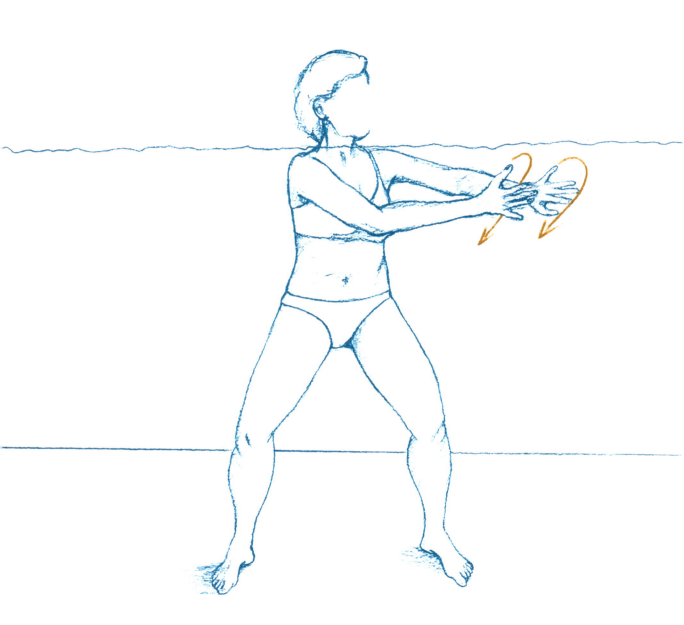

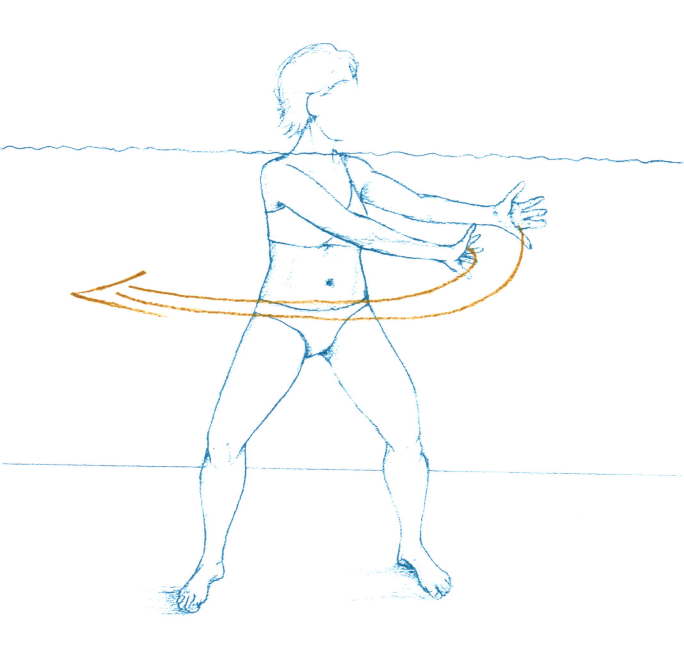

Ao final das duas sequências (**1A** e **1B**), após ativar a musculatura do tronco pela movimentação dos braços, você pode se beneficiar da sensação de volume que seu tórax adquiriu.

Movimento 1C

Agora, a partir de um tronco totalmente estável e com "volume", você vai exercitar os músculos peitorais e dorsais que mantêm os ombros bem posicionados e dão estabilidade para que os braços realizem o deslocamento com amplitude e força.

Para isso, abra bem os braços e cuide para que as mãos não ultrapassem a linha para trás do tronco.

Com bastante força, feche os braços como se quisesse abraçar a água. Mantenha os pés bem apoiados no fundo e o abdômen firme! Durante o movimento expire.

Vire a palma das mãos para fora e inspire.

Em seguida, expire novamente e abra os braços, empurrando a água para longe de você.

Repita a sequência 30 vezes, faça uma pausa para descansar e repita mais 30 vezes.

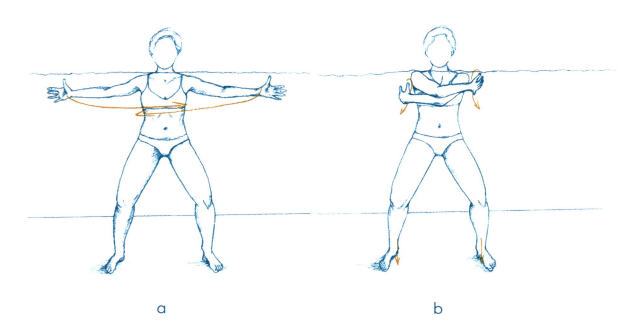

a

b

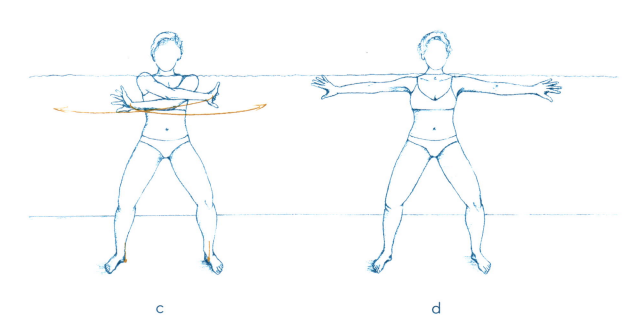

c

d

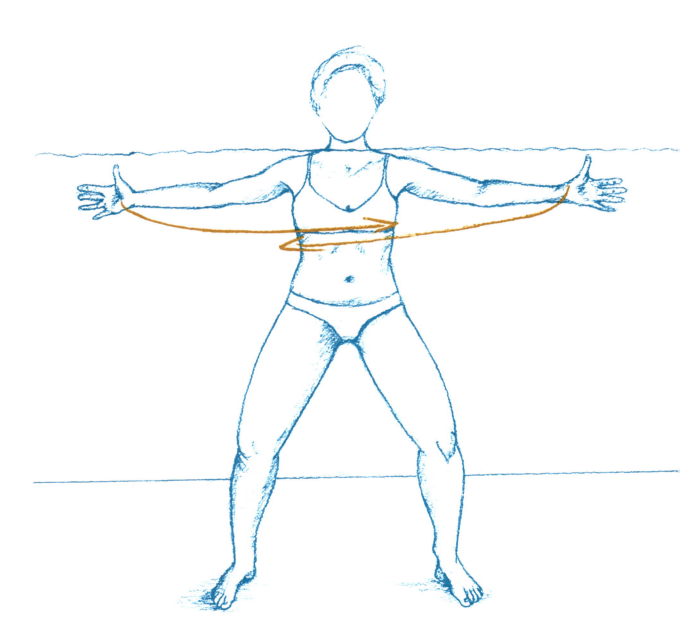

Movimento 1 D

Vamos movimentar as pernas. Para isso, vire de frente para a borda da piscina e se apoie com as mãos como na ilustração **a**. Se você estiver no mar, vai precisar se equilibrar fazendo pequenos movimentos com as mãos e com os braços continuamente para frente e para trás enquanto realiza o movimento da perna.

Mantenha o peso do corpo apoiado sobre a perna esquerda e abra um pouco a perna direita, certificando-se de que o pé fique organizado como se fosse fazer uma "embaixadinha". Os ombros devem permanecer relaxados sobre o tronco, o pescoço alongado e o olhar para a frente.

Cruze a perna direita para a esquerda e para a frente, empurrando a água para o lado com o pé bem organizado e o joelho ligeiramente dobrado, como se fosse cobrar um escanteio no futebol. Enquanto isso, mantenha os braços apoiados na borda com o tronco voltado para a frente e levemente "arredondado", com controle da musculatura abdominal.

Em seguida, leve a mesma perna para trás e para cima, cruzando novamente para a esquerda. Observe na ilustração que o tronco faz uma inclinação maior para a frente, permitindo que a perna direita seja capaz de executar o movimento para trás com amplitude, mantendo uma boa extensão da virilha.

Neste momento, fique atento para manter a contração do abdômen e assim preservar a boa saúde da coluna lombar.

Repita o movimento 15 vezes com cada perna, faça uma pausa e repita mais 15 vezes.

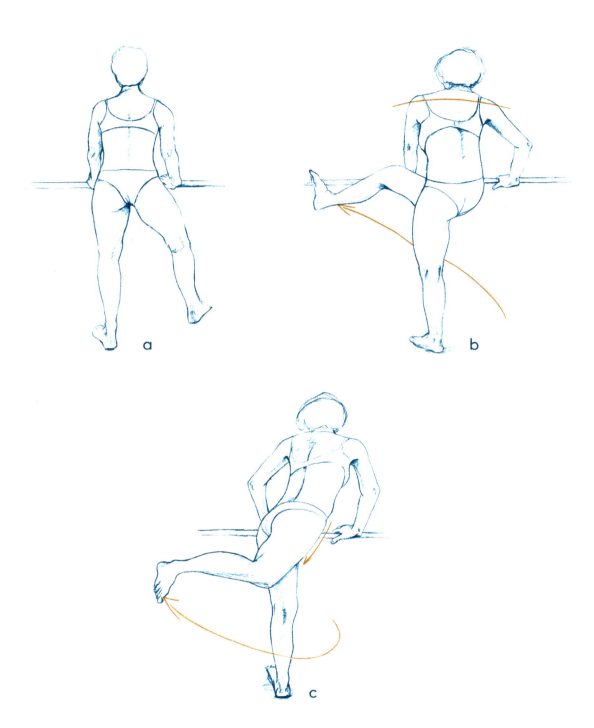

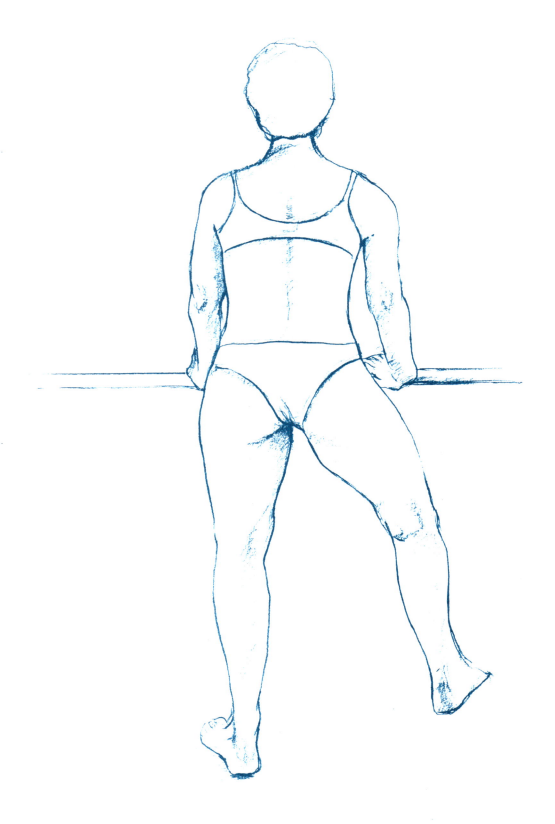

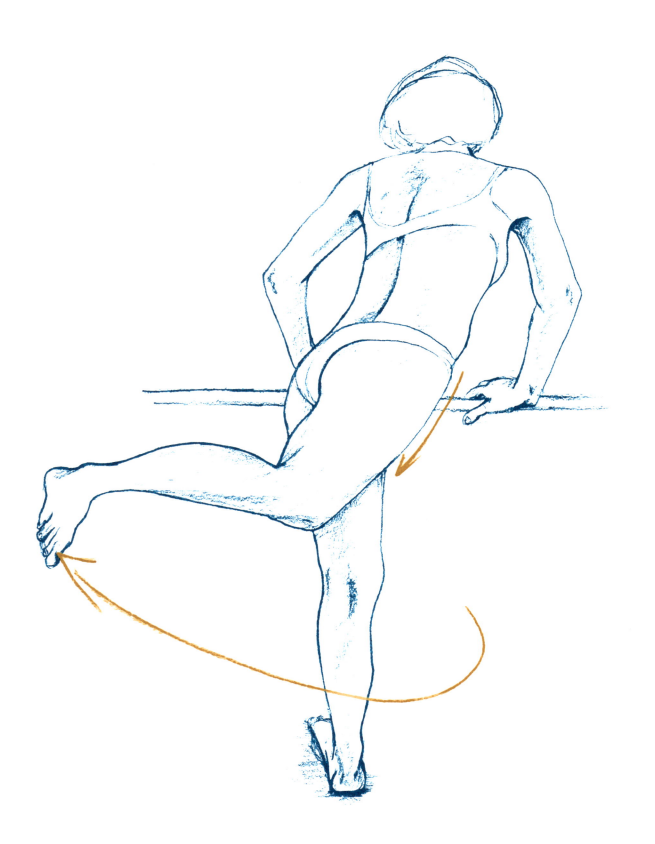

2) Réptil (rastejar)

Rastejar é a primeira forma de locomoção que o ser humano adquire durante seu processo de desenvolvimento após o nascimento, mas, apesar de seguro, pois "do chão não se passa", garanto a você que não é nada fácil!

Habitando o planeta Terra, somos incessantemente submetidos à força da gravidade, que nos mantém em contato com o solo e traz a sensação de peso do próprio corpo. Dependendo da posição em que nos colocamos no espaço, esse peso é distribuído de acordo com a área de contato do corpo com a superfície de apoio.

Isso quer dizer que, ao deitarmos de barriga para baixo, temos uma grande área de contato com o solo, o peso fica distribuído por toda essa superfície e, de certa forma, sentimos o corpo mais "leve"; diferente de quando estamos em pé, onde a área de contato é pequena e o peso fica totalmente localizado sobre os pés.

Por outro lado, quanto maior a área de apoio, maior é o atrito com a superfície e, consequentemente, quando estamos de barriga para baixo, a força que devemos fazer para nos deslocar dessa posição é maior.

Arrastar-se é uma ação que exige muito dos músculos dos braços, do peito, do abdômen, da virilha, das coxas, pernas e pés. É um trabalho muscular intenso que não deixa a desejar para nenhuma proposta de atividade física de academia.

Então, coragem!

Movimento 2 A

Deite de barriga para baixo com as duas pernas próximas entre si, as mãos abertas apoiadas no chão acima da cabeça e os cotovelos abertos e dobrados na altura dos ombros. Mantenha a cabeça alinhada no prolongamento do corpo e o olhar voltado para o chão.

A partir da posição inicial, com os cotovelos abertos e dobrados, incline o tronco para o lado direito de forma que as costelas e o cotovelo desse mesmo lado se aproximem da bacia, "fechando" o espaço da cintura, enquanto no outro lado o cotovelo e as costelas se distanciam da bacia, formando um grande arco e abrindo o espaço da cintura esquerda. Atente para que a bacia permaneça alinhada no centro e que as duas pernas se mantenham esticadas e paralelas. A cabeça acompanha o movimento do tronco com o olhar voltado para o chão.

Após encerrar um lado, volte à posição inicial e repita o movimento para o outro lado, tomando os mesmos cuidados.

A partir da mesma posição inicial, volte a inclinar o tronco para o lado direito, porém com uma amplitude maior, e dobre a perna do mesmo lado, levando o joelho na direção do cotovelo; mantenha o pé organizado com o tornozelo dobrado, como quando se faz "embaixadinha". Todo o lado direito vai dobrar e todo o lado esquerdo vai esticar. Enquanto mantém a perna esquerda esticada, esforçando-se para "aumentar" seu comprimento, distancie seu cotovelo esquerdo da bacia, aumentando a amplitude dessa lateral do tronco, e perceba a virilha esquerda "abrindo-se" na direção do chão.

Note que à medida que um lado do corpo dobra, o outro estica e, desta vez, a cabeça acompanha o tronco com uma leve inclinação para o lado da flexão, fazendo com que o olhar acompanhe o movimento, porém mantendo o comprimento do pescoço. Atenção para não deixar que o pescoço se "encolha"; use o apoio dos seus braços no chão, são eles que auxiliam na sustentação do peso da cabeça.

Volte à posição de partida e repita o movimento com os mesmos cuidados para o outro lado.

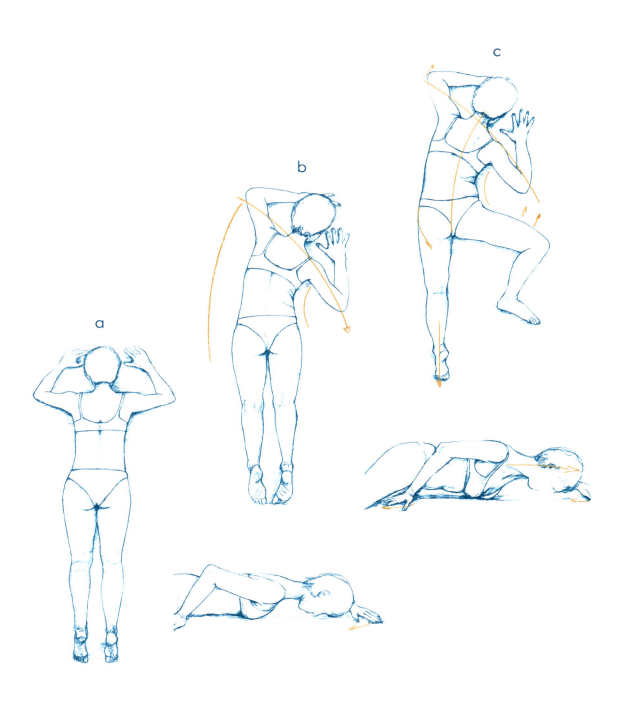

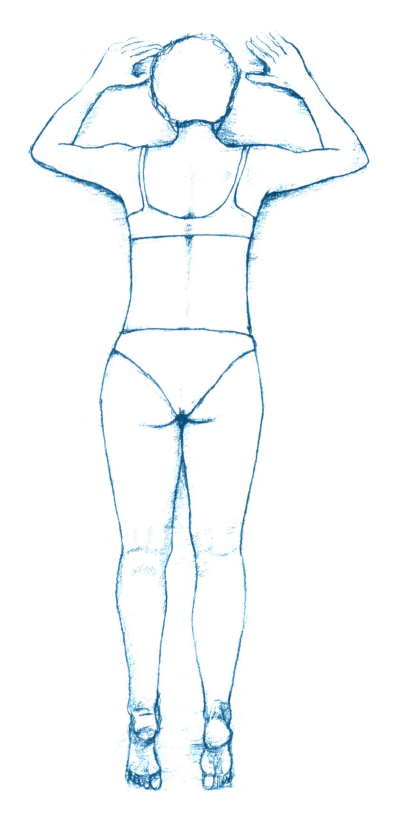

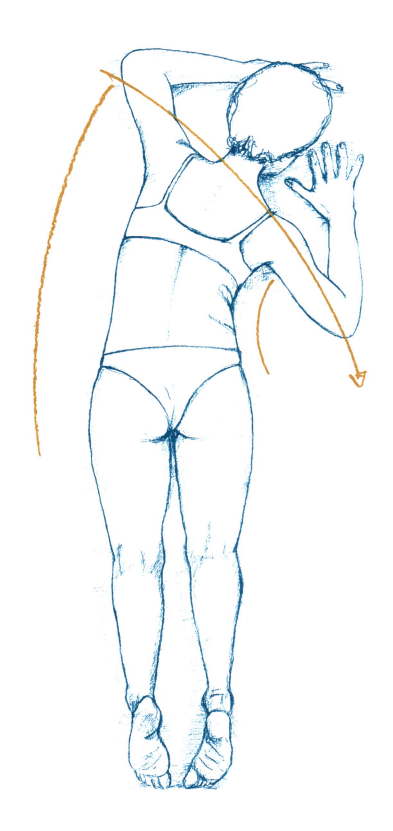

3) Quadrúpede (engatinhar)

Pagamos um preço alto no momento em que deixamos de nos locomover sobre quatro apoios e assumimos a posição vertical. Adquirimos mais liberdade e mobilidade dos braços, tornamo-nos capazes de manipular objetos com mais precisão, ampliamos nosso campo visual e desenvolvemos a capacidade de raciocínio; porém, as principais articulações do corpo (ombro e quadril) e a coluna vertebral ficam em desvantagem nessa evolução.

O sistema nervoso sempre atua através de intervenções e ajustes no corpo com o objetivo de proporcionar condições de executarmos tarefas essenciais à nossa sobrevivência, mas nem sempre a solução é perfeita. Uma vez que os braços deixaram de exercer a função de apoio, acabamos "suspendendo" os ombros na direção das orelhas, na tentativa de suportar seu peso. Como consequência, surgem inflamações e compressões nervosas que geram dor e formigamento; o quadril sofre desgastes, pois recebe todo o peso do corpo; e a coluna vertebral, na dependência da musculatura do tronco para manter-se equilibrada na posição vertical, aumenta suas curvaturas e tende a achatar-se.

Colocar-se sobre quatro apoios quer dizer distribuir o peso do corpo sobre braços e pernas e devolver à coluna estabilidade e comprimento ideal. A partir do momento em que os braços recebem o peso, a musculatura que envolve os ombros é acionada e ativa a musculatura do abdômen, que por sua vez dá apoio para a musculatura das costas, gerando descompressão da coluna e a possibilidade de manter a cabeça numa boa posição em relação ao tronco.

Movimentar-se sobre quatro apoios quer dizer desenvolver a coordenação de movimentos no padrão cruzado característico da marcha humana. Ou seja, estimular a capacidade de movimentar simultaneamente o braço direito e a perna esquerda e vice-versa; ou ainda, dobrar a perna direita enquanto estica a perna esquerda.

Seguindo em frente então com nosso objetivo, vamos ao próximo exercício.

Leia as recomendações com bastante atenção e, se necessário, releia para ter certeza de que o posicionamento inicial esteja de acordo com a consequente execução do movimento correto.

Antes de iniciar, providencie um colchonete, um cinto firme que prenda bem justo na sua cintura, uma faixa de tecido não muito elástica e um ponto de apoio firme (poste, coluna de concreto, guarda-corpo da varanda, barra de espaldar) onde você possa amarrar a faixa e pressionar o pé, como ilustrado nas páginas 195 a 197.

Meça a distância em que você vai se posicionar em relação a esse ponto. Para isso, apoie o joelho direito no chão e estique a perna esquerda com o pé apoiado na coluna. Feito isso, calcule o comprimento da faixa que deverá ser amarrada ao cinto e ao ponto de apoio, de forma que você seja capaz de esticar a perna esquerda mas, ao mesmo tempo, sentir a tração do cinto preso à cintura a partir do ponto de apoio do pé.

Movimento 3 A

Mantenha todo o braço esquerdo apoiado no chão acima da cabeça, com o cotovelo dobrado; ao mesmo tempo, leve o braço direito ao lado do tronco, mantendo o cotovelo levemente dobrado e apontado para o teto. A mão está bem apoiada no chão na altura do quadril, com os dedos voltados para a direção dos pés, e a cabeça, virada para a direita.

Nesta etapa, o movimento dos braços é bastante complexo e fundamental para que o exercício seja bem executado. Vamos lá:

Ao mesmo tempo que você pressiona a mão, o antebraço e o cotovelo esquerdo no chão, aplique uma tensão/intenção de "puxar" o corpo como se fosse arrastá-lo para frente. Sempre mantendo essa mão fixa no chão, aplique a força como se quisesse trazê-la para você.

Enquanto isso, pressione a mão direita contra o chão e, ao mesmo tempo, aplique a força de "empurrá-la" na direção do joelho, sem deixar que ela deslize.

A partir da posição inicial do exercício 3A, repita as ações dos dois braços; ao mesmo tempo, dobre a perna direita a partir da flexão do tornozelo, levando o joelho na direção da mão direita, e mantenha a perna esquerda esticada. Perceba como a musculatura do abdômen entra em ação. Observe na ilustração **c** como a força aplicada em todo o corpo faz com que você eleve o tronco do chão.

É muito importante coordenar o movimento com a respiração. Inspire durante o posicionamento para o início do exercício e expire enquanto aplica a força dos braços e pernas.

Mais um detalhe importante: dê comprimento ao seu pescoço!

Retorne à posição inicial e repita com atenção para o outro lado.

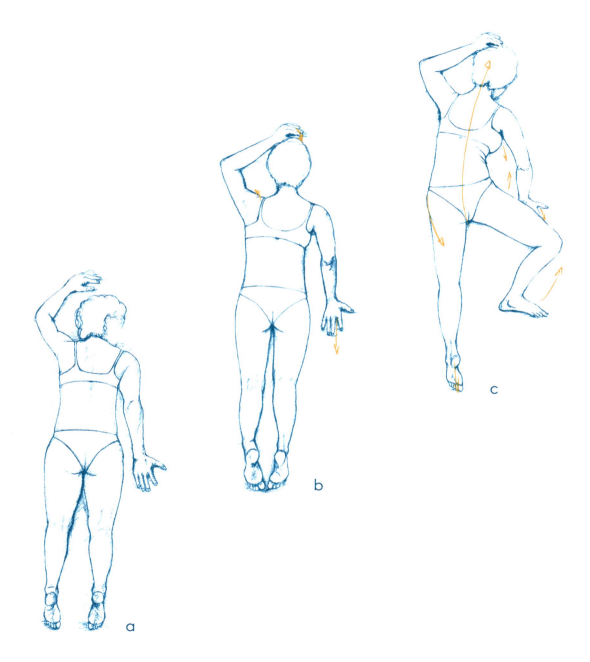

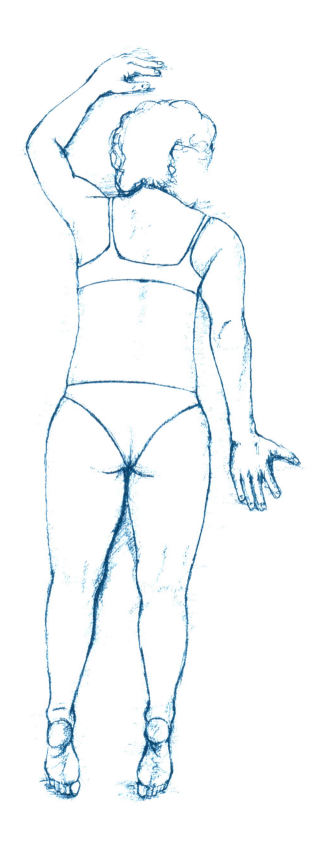

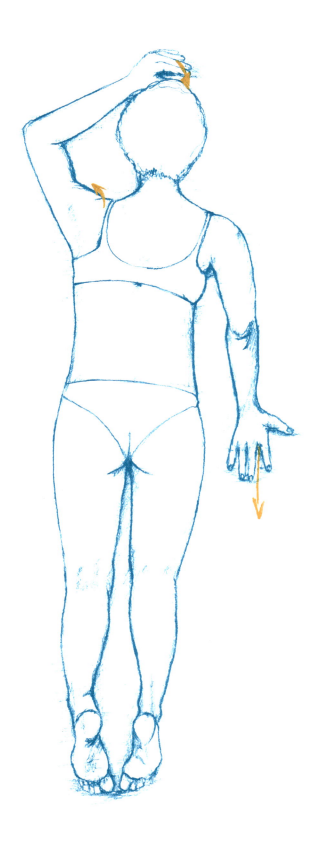

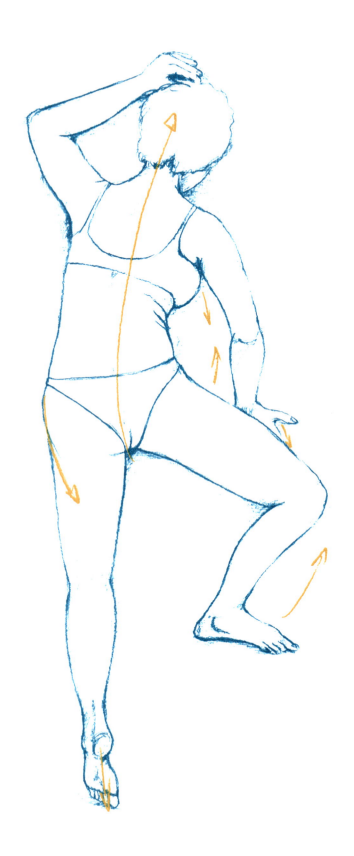

Movimento 3 B

Apoie o joelho direito sobre o colchonete, com o pé esquerdo em contato com o ponto de apoio, numa altura próxima à da sua bacia, e o joelho esquerdo dobrado. As duas mãos ficam paralelas ao chão, ligeiramente à frente da linha dos ombros, como na ilustração **a**.

Pressione o pé esquerdo contra o apoio e estique a perna de forma a conseguir uma boa extensão da virilha. Preste atenção para não deixar o joelho hiperesticado. Regule bem a força dos glúteos e dos músculos rotadores da coxa e imagine que você quer "mostrar" a virilha na direção do chão, enquanto o abdômen contrai para dar sustentação à coluna lombar. Os braços sustentam o peso do tronco com os cotovelos levemente arredondados, e a cabeça se posiciona no alinhamento do tronco com um bom comprimento do pescoço.

A vontade deve ser de empurrar a "parede" e esticar o corpo!

Inspire na posição relaxada e expire durante todo o trajeto da extensão da perna e do tronco. Em seguida, mantenha a posição esticada, inspire novamente, tentando ganhar mais comprimento, e na próxima expiração vá diminuindo a força até encostar o joelho esquerdo no chão.

Repita a sequência lentamente, no ritmo da respiração, por 4 a 5 vezes. Depois, troque a posição das pernas e faça a mesma coisa.

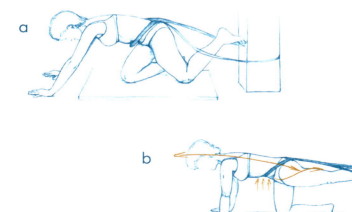

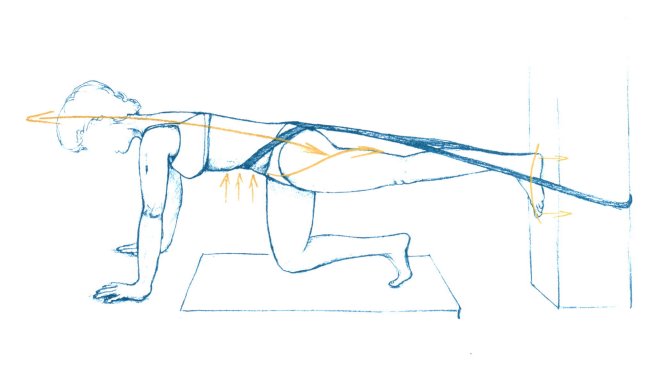

4) Marcha

A principal forma de locomoção do ser humano é a marcha bípede. Isso quer dizer que o homem é capaz de deslocar-se de um ponto ao outro sobre dois pés. Porém, ao analisarmos a marcha propriamente dita, observamos que durante a maior parte desse deslocamento o apoio é feito somente sobre um pé de cada vez. Imagine que loucura! Não é brincadeira, dá um trabalho danado!

Einstein já dizia que viver é como andar de bicicleta: é preciso estar em constante movimento para manter o equilíbrio. E quem não tem bicicleta... vai caminhar!

Como já mencionado, o movimento da marcha acontece em padrão cruzado: quando em um lado o pé sai do chão a partir de uma flexão, o outro lado fica apoiado com a perna totalmente esticada. Quanto mais comprimento (extensão) conseguimos dar para a perna de apoio, mais sustentação damos ao corpo e mais eficiente será a flexão da outra perna. Da mesma forma, apesar de não ter apoio no chão, a perna que está no ar, mantida por uma musculatura flexora eficiente, é capaz de estimular a extensão da outra perna. Esse mecanismo é gerenciado pelo sistema nervoso central que, como um regente de orquestra, determina quem e quando deve agir em cada momento.

Agora vamos realizar duas sequências de exercícios para estimular a flexão e a extensão, fundamentais para que sua marcha seja realizada com sucesso.

Movimento 4 A

O principal objetivo deste exercício é preparar e "acordar" os músculos que mantêm a bacia estável e a coluna descomprimida durante a marcha e que, ao mesmo tempo, proporcionam liberdade e amplitude de movimento às pernas.

Fique de pé, com os pés paralelos, ao lado de um espaldar ou de algum móvel da sua casa onde você possa se apoiar com a mão esquerda.

Em seguida, vá inclinando o tronco para frente como se quisesse pegar algum objeto que caiu no chão. Mantenha o peso do corpo sobre o pé direito usando a força dos dedos e dobre o tornozelo, tentando levar sua canela para frente; a coxa ficará dobrada. Atente para que o joelho permaneça alinhado: não deixe que caia para dentro ou vire para fora. Enquanto você estica o braço direito para frente, encaixe o ombro, estique o pescoço tracionando a cabeça e, em oposição, leve o osso da bacia (ilíaco) do lado direito para trás, distanciando-o das costelas do mesmo lado, abrindo e dando comprimento para sua cintura. Observe como o tronco se mantém alinhado e comprido – cuidado para não perder o espaço da cintura! Leve a perna esquerda para trás em extensão e mantenha-a na altura do tronco, com o tornozelo dobrado e a ponta do pé virada para o chão.

Inspire em pé na posição vertical, expire lentamente enquanto inclina o tronco, levando o braço direito à frente e a perna esquerda para trás, inspire novamente, agora na posição inclinada, pensando em ganhar comprimento na coluna desde a bacia até a cabeça, e em seguida, expirando, volte lentamente à posição em pé.

Permaneça em pé segurando na barra ou no móvel por alguns segundos antes de iniciar uma nova repetição. Você poderá sentir uma tontura passageira, causada pelo grau de exigência do controle muscular na posição inclinada e que gera uma mobilização sanguínea bastante vigorosa ao voltar para a vertical.

Assim que passar, repita o exercício. Você perceberá que a intensidade da tontura diminuirá nas próximas vezes. Faça de 3 a 4 repetições.

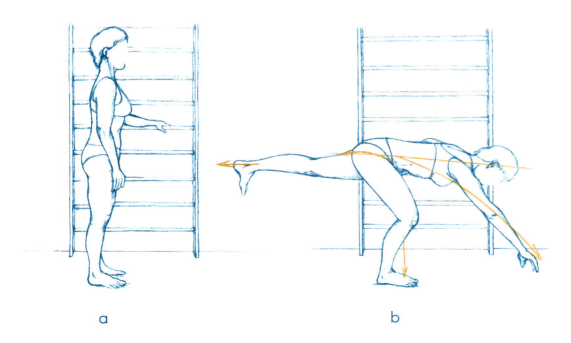

a   b

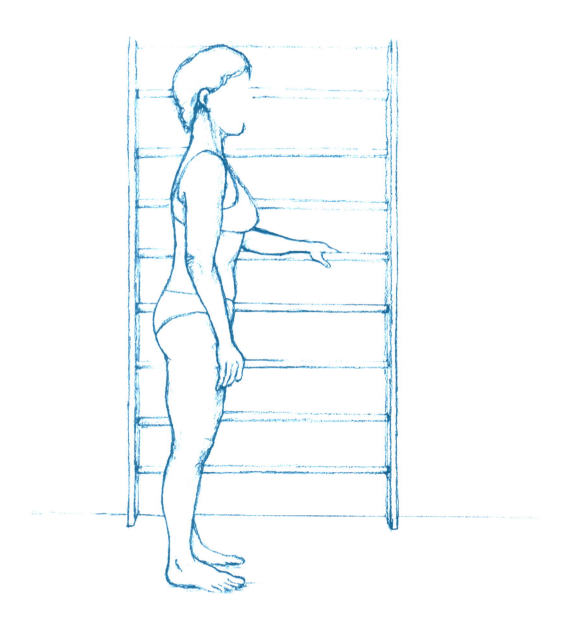

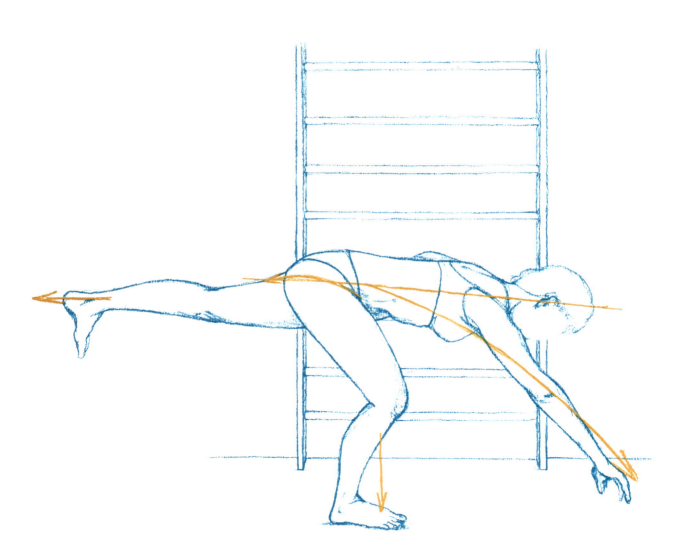

Movimento 4 B

A sequência a seguir lembra o movimento de uma roda de trem ao deslocar--se para a frente. Observe atentamente as ilustrações e siga as instruções.

Equilibre-se na posição vertical apoiando apenas o pé direito sobre um banquinho de aproximadamente 15 cm de altura. O pé esquerdo deve permanecer pendurado, paralelo ao outro lado, porém sem apoio.

Mantenha os braços alongados, abertos e um pouco à frente em relação ao corpo, atentando para não deixar os cotovelos muito esticados. Segure um bastão ou cabo de vassoura com a mão direita para ajudar no equilíbrio e procure manter a bacia alinhada em relação ao plano horizontal. Fixe o olhar para a frente.

Dobre o joelho e o pé esquerdo levando a coxa para trás, até esticar bem a virilha, enquanto inclina o tronco para a frente e dobra a perna direita, que está apoiada sobre o banquinho. Para manter o equilíbrio, distribua o peso do corpo entre a parte anterior do pé direito e a mão direita que está segurando o bastão. Estique o braço esquerdo para a frente e mantenha o direito aberto para o lado.

É muito importante buscar o alinhamento entre a coxa esquerda, o tronco, a cabeça e o braço esquerdo, como na ilustração **b**. Ao levar o braço esquerdo para a frente e apoiar a mão direita no bastão, atente para manter os ombros encaixados sobre o tronco, a fim de dar condições aos músculos do pescoço para sustentarem a cabeça, evitando o encurtamento e o excesso de tensão, muito comum nessa região.

Outra dica importantíssima: cuide de contrair a musculatura abdominal durante o movimento, para proteger e sustentar a coluna lombar contra a força da gravidade que a puxa para baixo, aumentando sua curvatura.

Em seguida, ao mesmo tempo em que desenrola a coluna até endireitar-se na posição vertical, traga a perna esquerda ainda dobrada para a frente; no final, estique-a, distanciando o calcanhar da bacia e sem "travar" o joelho, mantendo o pé dobrado. Use o apoio da mão direita no bastão e a pressão do pé direito sobre o banquinho para impulsionar a bacia para a frente até chegar a uma boa extensão da virilha direita.

A partir daí, repita a sequência do movimento sem interrupção por 8 a 10 vezes. Descanse e troque de lado.

Coordene a respiração de forma a inspirar toda vez que estiver na vertical e expirar enquanto inclinar-se para a frente.

Note que enquanto uma perna e um braço são os responsáveis pelo apoio e a estabilização do corpo, os segmentos do lado oposto têm a capacidade de desenvolver o movimento com bastante amplitude.

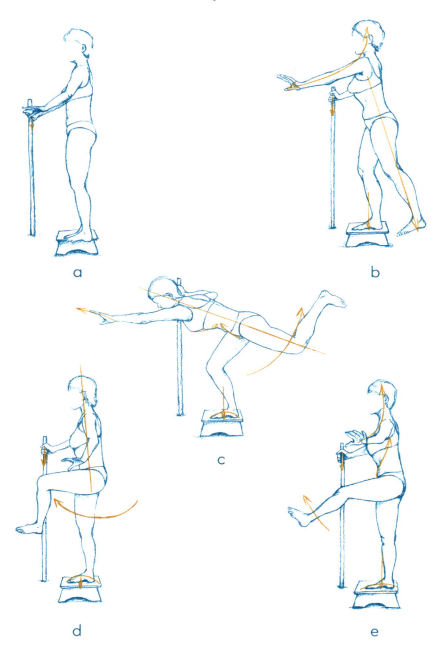

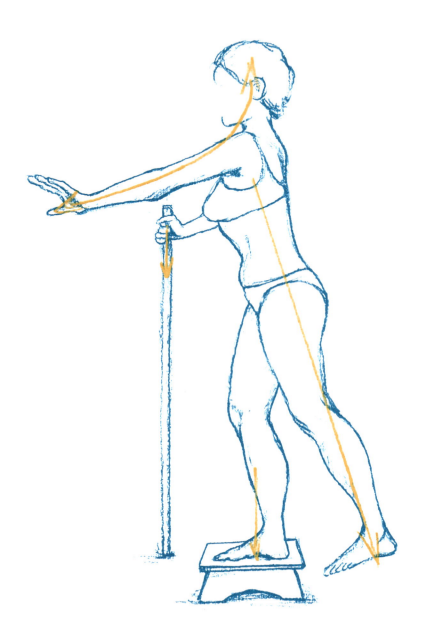

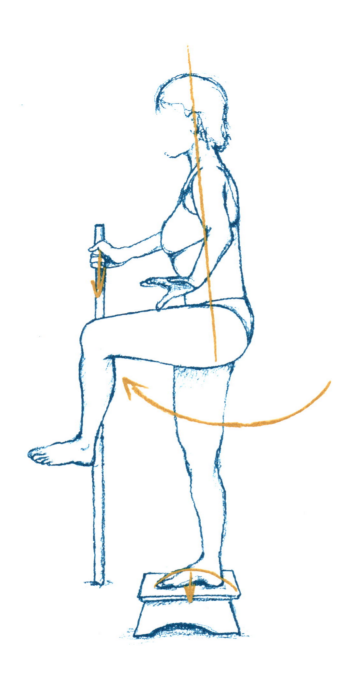

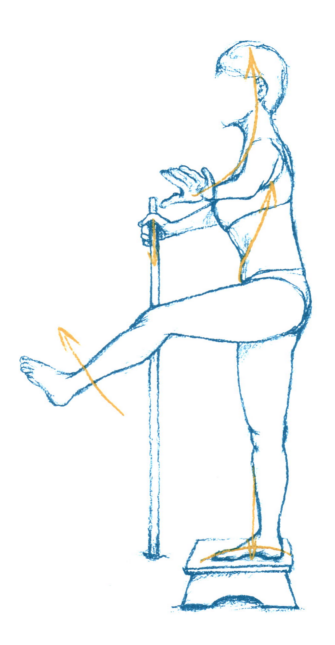

5) Braquiação (pendurar-se)

Seguindo a sequência dos meios de locomoção pelos quais o homem passa durante o processo de desenvolvimento motor, desde o nascimento até a aquisição da postura em pé, chegamos à braquiação.

Lembra quando você dormia no berço e acordava de manhã bem cedinho, antes dos seus pais, e, louco para sair daquela "jaula", agarrava-se nas barras da grade para ficar em pé, passava a perna por cima da proteção e, ao descer pelo outro lado, se pendurava até o pé alcançar o chão e saía engatinhando?

Nessa fase, até termos total autonomia da marcha bípede, usamos muito os braços para "escalar" os móveis da casa, ou qualquer objeto em volta, ao passarmos da posição sentada ou de gato para a de pé; ou quando, em pé, queremos voltar ao chão sem nos largarmos.

Muito bem, e por que agora, na idade adulta, "doutores" da marcha bípede, devemos voltar para trás na evolução e praticar exercícios dependurados em barras suspensas como se fôssemos macacos? Pois fique sabendo que os benefícios são enormes! Finalmente, podemos usar a gravidade em nosso favor.

Ao nos pendurarmos, fortalecemos tanto os músculos dos braços quanto os que conectam os braços ao tronco; e ampliamos o volume da caixa torácica, pois o peso do corpo ajuda a aumentar os espaços entre as costelas e assim a respiração fica mais profunda. Dessa forma, o cérebro recebe mais oxigênio e, por consequência, o sistema nervoso central fica mais alerta. Sem contar que até o olhar e a capacidade de calcular distâncias no espaço também são estimulados, uma vez que é preciso "procurar" o local do apoio e ter a certeza de alcançá-lo com as mãos para nos estabilizarmos. Ah, e só mais um detalhe, as vértebras da coluna agradecem a descompressão!

Pronto, acho que já dei argumentos suficientes para você se conscientizar da importância de pendurar-se de vez em quando! Vamos às atividades!

Se não tiver um espaldar disponível, como o da ilustração, não se preocupe; adapte essas barras em sua casa, vale a pena. O hábito da braquiação é capital para nos sentirmos menos achatados contra o banco ou o solo.

Movimento 5 A

Posicione-se de lado de forma que toda a lateral esquerda do corpo fique próxima da barra, como na ilustração. Segure com a mão esquerda uma barra que esteja acima da cabeça, numa altura compatível com o comprimento do seu braço (sem esticá-lo demais). Apoie a mão direita em uma barra que esteja um pouco mais baixa do que a altura dos seus ombros e mantenha o cotovelo dobrado à sua frente.

Relaxe os ombros, mantenha os pés paralelos, o tronco simétrico e o olhar para a frente.

Com a mão esquerda firme na barra, solte lentamente o peso do corpo sustentando-o pelo braço; dobre as pernas e mantenha os pés paralelos e apoiados no chão. Exagere na descida da bacia do lado esquerdo para ganhar comprimento na lateral do tronco, como você pode observar nas ilustrações a seguir. Tome cuidado para não elevar o lado oposto da bacia (de "fora"), fechando a cintura. Mantenha o olhar para a frente e o pescoço longo.

Ao descer, expire lentamente todo o ar; permaneça pendurado e inspire profundamente, imaginando que o ar preenche todo o espaço da caixa torácica, principalmente do lado esquerdo, que, no caso, é o que está sendo alongado; faça uma apneia por 3 segundos e em seguida, pressionando os pés contra o chão, expire até chegar na posição inicial.

Repita o exercício 3 vezes, com calma, para dar bastante comprimento à lateral do seu tronco, e depois troque de lado.

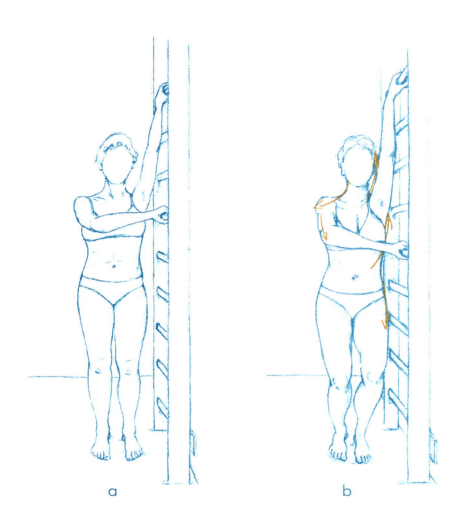

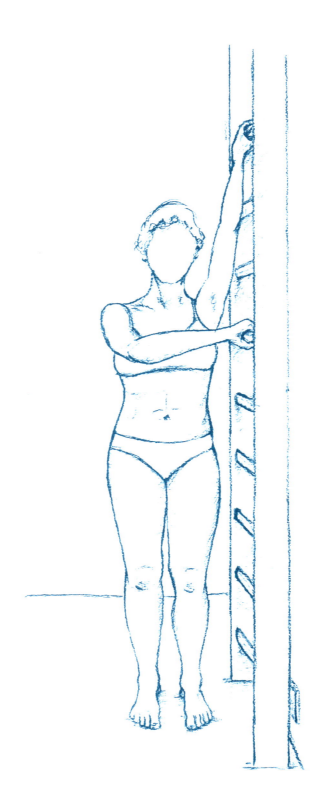

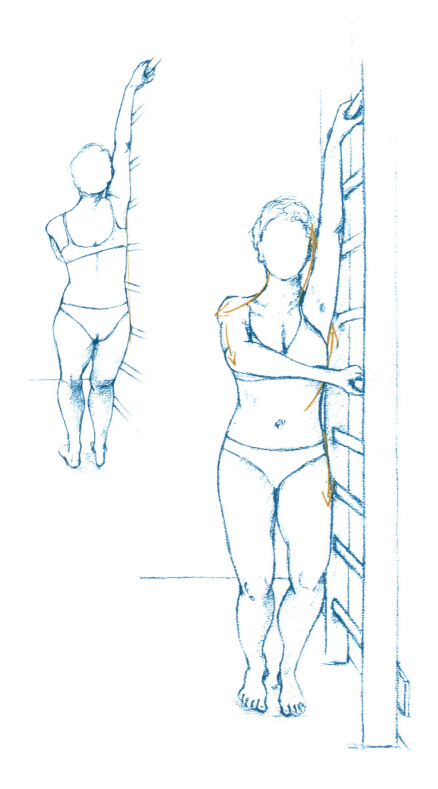

Movimento 5 B

Agora brinque como se estivesse no circo ou fosse um macaco.

Posicione-se de frente para a barra com os pés paralelos. Segure com a mão direita uma barra um pouco acima dos seus olhos, e, com a mão esquerda, uma barra abaixo do seu peito. Mantenha o olhar para a frente.

Firme a mão direita, solte o peso como no exercício anterior e perceba que naturalmente o corpo gira de lado para a barra. As pernas dobram e você deverá adaptar a posição dos pés e a altura da mão esquerda, como na ilustração **b**.

Não pare nessa posição; o movimento deve ser contínuo até a posição da ilustração seguinte.

Continue no "embalo" e deixe o corpo balançar até que a perna e o braço direito estiquem. Abra o braço esquerdo, alargando o peitoral, mas mantenha os ombros encaixados e direcione o olhar para a mão desse lado. Dê um pequeno passo com o pé esquerdo para trás, sem deixar que seu corpo se distancie da barra. Preste bastante atenção para manter a bacia bem alinhada e o tronco o mais vertical possível, sem inclinar demais.

No final da amplitude do movimento, perceba a tração no ombro direito e a pressão do pé direito no chão. O pé esquerdo não deve apoiar com muito peso.

Você vai levar algum tempo para conseguir "soltar-se" nesse exercício. Repita umas 3 vezes com mais lentidão para ajustar os posicionamentos e, a partir daí, use o peso do corpo para brincar mais e deixar que o balanço leve o movimento. Troque de lado.

a

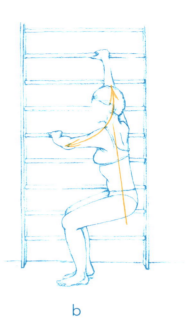

b

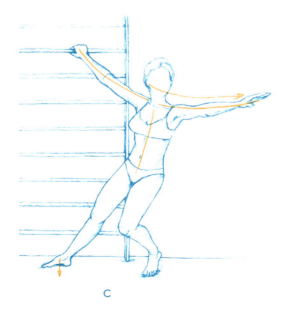

c

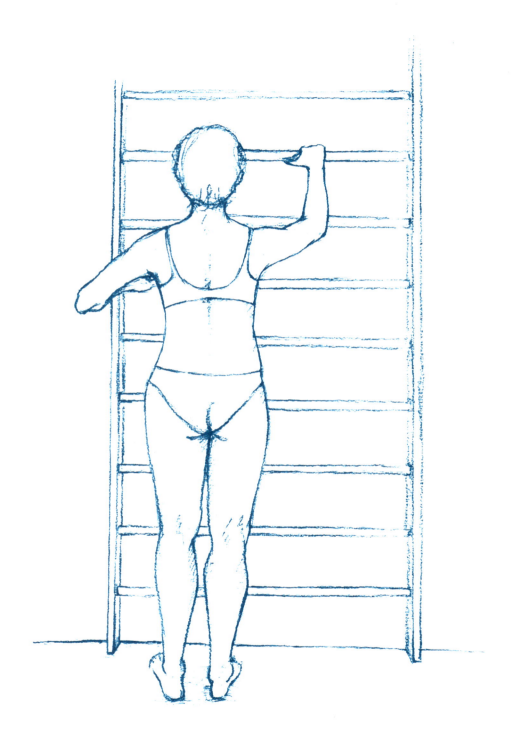

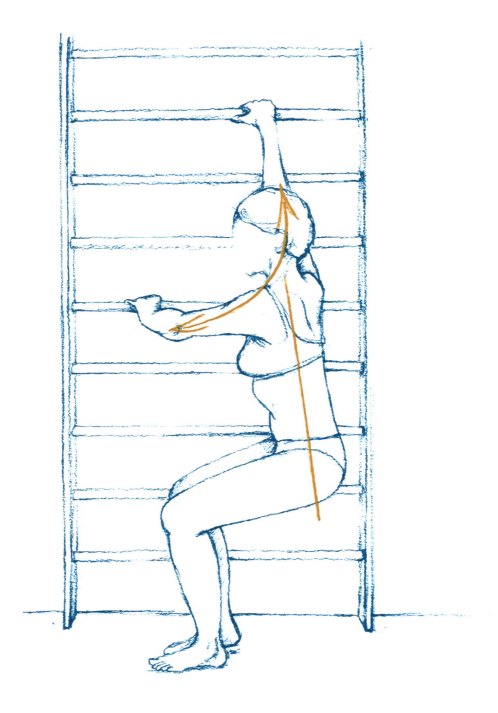

ATENÇÃO! Não se solte completamente, pois você pode se machucar. Controle o tronco pela força do abdômen e sempre mantenha tensionado o braço que sustenta o peso do corpo.

READQUIRIR O PADRÃO MOTOR

A COREOGRAFIA DO COTIDIANO

Vamos lá, utilize hierarquicamente os dons oferecidos à espécie humana, contidos em suas células. Exercite o golfinho, a salamandra, a onça, o chimpanzé e a ave existentes em você.

Mantenha sua psicomotricidade viva!

sobre o autor

Desde os anos 1970, Ivaldo Bertazzo trabalha com cidadãos comuns, de diferentes classes e profissões, engajados na educação do corpo e na transformação do gesto como manifestação da individualidade – denominados por ele de "cidadãos dançantes".

Junto à dança, aprofundou-se na fisioterapia, aliando a seu método o estudo do funcionamento do aparelho locomotor e da biomecânica humana. Em 1975, criou a Escola do Movimento – Método Bertazzo, com o objetivo de ampliar a consciência corporal, a autonomia e a estrutura próprias do movimento. O ensino é replicado para arte-educadores, a fim de multiplicar o método.

Entre as décadas de 1970 e 1990, Bertazzo criou 24 espetáculos em dois planos: um artístico, com bailarinos profissionais e aparato cênico; e outro, da "dança-cidadania", com não profissionais e com a ideia de mutirão.

Nos últimos anos, ele tem trabalhado ativamente com a periferia e com empresas privadas. Ao trabalhar com adolescentes em zonas de risco, em 2002 recrutou jovens de ONGs de várias regiões e deu início ao projeto Dança Comunidade, em parceria com o Sesc São Paulo. Desse projeto nasceram os espetáculos *Samwaad – Rua do encontro* e *Milágrimas*, apresentados no Brasil, na França e na Holanda.

Em 2006, fundou a Cia. TeatroDança, com a qual recriou espetáculos como *Mar de Gente*, *Kashmir Bouquet* e *Noé Noé!*.

Este livro foi composto com as fontes **Mercury Text** e **Cera Pro** e impresso em papel Alta Alvura 120 g/m² no miolo e cartão 250 g/m² na capa, na **Mundial Editora Gráfica** em junho de 2018.